PERÍODO DE ATUALIZAÇÃO: 18-4-2023 A 28-8-2023

ENCARTE da **2ª edição** 2023

COLEÇÃO GRAN

GRAN Vade Mecum CIVIL E EMPRESARIAL

#CerejaDoBolo

AUTORES:
Hebert Vieira Durães, Patrícia Dreyer, Renato Borelli e Roberta Queiroz

COORDENAÇÃO CIENTÍFICA:
Roberta Queiroz e Renato Borelli

EDITORA RIDEEL
Quem tem Rideel tem mais.

ÍNDICE GERAL

ADCT
PÁGINA(S): 102
INSTR.: INSERIR REDAÇÃO

Art. 123. Todos os termos de credenciamentos, contratos, aditivos e outras formas de ajuste de permissão lotérica, em vigor, indistintamente, na data de publicação deste dispositivo, destinados a viabilizar a venda de serviços lotéricos, disciplinados em lei ou em outros instrumentos de alcance específico, terão assegurado prazo de vigência adicional, contado do término do prazo do instrumento vigente, independentemente da data de seu termo inicial.

- Artigo acrescido pela EC nº 129, de 5-7-2023.

LEI Nº 10.406/2002 (CÓDIGO CIVIL)
PÁGINA(S): 247, 272 E 300
INSTR.: ALTERAR/INSERIR REDAÇÃO/INSERIR NOTA

Art. 1.225. ...

...

XII – a concessão de direito real de uso;
XIII – a laje;

- Incisos XII e XIII com a redação dada pela Lei nº 14.620, de 13-7-2023.

XIV – os direitos oriundos da imissão provisória na posse, quando concedida à União, aos Estados, ao Distrito Federal, aos Municípios ou às suas entidades delegadas e a respectiva cessão e promessa de cessão.

- Inciso XIV acrescido pela Lei nº 14.620, de 13-7-2023.

...

Art. 1.473. ...

...

IX – ...

- Incisos VIII e IX acrescidos pela Lei nº 11.481, de 31-5-2007.

X – a propriedade superficiária;

- Inciso X com a redação dada pela Lei nº 14.620, de 13-7-2023.

XI – os direitos oriundos da imissão provisória na posse, quando concedida à União, aos Estados, ao Distrito Federal, aos Municípios ou às suas entidades delegadas e a respectiva cessão e promessa de cessão.

- Inciso XI acrescido pela Lei nº 14.620, de 13-7-2023.

...

Art. 1.815-A. Em qualquer dos casos de indignidade previstos no art. 1.814, o trânsito em julgado da sentença penal condenatória acarretará a imediata exclusão do herdeiro ou legatário indigno, independentemente da sentença prevista no *caput* do art. 1.815 deste Código.

- Art. 1.815-A acrescido pela Lei nº 14.661, de 23-8-2023.

LEI Nº 13.105/2015 (CÓDIGO DE PROCESSO CIVIL)
PÁGINA(S): 337 E 338, 341 E 342, 369 E 370, 378, 408, 434, 440 E 464
INSTR.: INSERIR NOTA

Art. 9º ...

...

Parágrafo único. ...

...

II – ...

- O STF, por maioria, ao julgar a ADIN nº 5.492, declarou a constitucionalidade da referência deste dispositivo ao inciso II do art. 311 do mesmo diploma legal (*DOU* de 4-5-2023).

...

Art. 15. ...

- O STF, por maioria, ao julgar a ADIN nº 5.492, declarou a constitucionalidade da expressão "administrativos", constante neste artigo (*DOU* de 4-5-2023).

...

Art. 46. ...

- ...

§ 5º ...

- O STF, por maioria, ao julgar a ADIN nº 5.492, aplicou interpretação conforme a Constituição Federal a este dispositivo (*DOU* de 4-5-2023).
- ...
- ...

...

Art. 52. ...

Parágrafo único. ...

- ...
- O STF, por maioria, ao julgar a ADIN nº 5.492, aplicou interpretação conforme a Constituição Federal a este dispositivo (*DOU* de 4-5-2023).

...

Art. 237. ...

...

II – ...

- ...
- O STF, por maioria, julgou procedente a ADC nº 51, declarando a constitucionalidade deste inciso (*DOU* de 28-4-2023).

...

Art. 242. ...

...

§ 3º ...

- O STF, por maioria, ao julgar a ADIN nº 5.492, declarou a constitucionalidade da expressão "dos Estados, do Distrito Federal e dos Municípios" constante neste dispositivo (*DOU* de 4-5-2023).

...

Art. 311. ...

...

IV – ...

Parágrafo único.

- O STF, por maioria, ao julgar a ADIN nº 5.492, declarou a constitucionalidade da referência deste dispositivo ao inciso II (*DOU* de 4-5-2023).

...

Art. 535. ...

...

§ 3º ...

...

II – ...

- O STF, por maioria, ao julgar a ADIN nº 5.492, declarou a inconstitucionalidade da expressão "banco oficial", constante neste inciso (*DOU* de 4-5-2023).

...

Art. 784. ....

....

§ 4º Nos títulos executivos constituídos ou atestados por meio eletrônico, é admitida qualquer modalidade de assinatura eletrônica prevista em lei, dispensada a assinatura de testemunhas quando sua integridade for conferida por provedor de assinatura.

- § 4º acrescido pela Lei nº 14.620, de 13-7-2023.

....

Art. 840. ....

I – ....

- O STF, por maioria, ao julgar a ADIN nº 5.492, declarou a inconstitucionalidade da expressão "na falta desses estabelecimentos", constante neste inciso (*DOU* de 4-5-2023).

....

Art. 985. ....

....

§ 2º ....

- O STF, por maioria, ao julgar a ADIN nº 5.492, declarou a constitucionalidade deste dispositivo (*DOU* de 4-5-2023).

DEC.-LEI Nº 3.365/1941 (LEI DE DESAPROPRIAÇÃO)
PÁGINA(S): 529 A 531
INSTR.: ALTERAR/INSERIR REDAÇÃO/INSERIR NOTA

Art. 2º ....

....

§ 2º Será exigida autorização legislativa para a desapropriação dos bens de domínio dos Estados, dos Municípios e do Distrito Federal pela União e dos bens de domínio dos Municípios pelos Estados.

- § 2º com a redação dada pela Lei nº 14.620, de 13-7-2023.

§ 2º-A. Será dispensada a autorização legislativa a que se refere o § 2º quando a desapropriação for realizada mediante acordo entre os entes federativos, no qual serão fixadas as respectivas responsabilidades financeiras quanto ao pagamento das indenizações correspondentes.

- § 2º-A acrescido pela Lei nº 14.620, de 13-7-2023.

Art. 3º Poderão promover a desapropriação mediante autorização expressa constante de lei ou contrato:

- *Caput* com a redação dada pela Lei nº 14.620, de 13-7-2023.

I – os concessionários, inclusive aqueles contratados nos termos da Lei nº 11.079, de 30 de dezembro de 2004 (Lei de Parceria Público-Privada), permissionários, autorizatários e arrendatários;

- Inciso I com a redação dada pela Lei nº 14.620, de 13-7-2023.

....

III – ....

- Incisos II e III acrescidos pela Lei nº 14.273, de 23-12-2021.

IV – o contratado pelo poder público para fins de execução de obras e serviços de engenharia sob os regimes de empreitada por preço global, empreitada integral e contratação integrada.

- Inciso IV com a redação dada pela Lei nº 14.620, de 13-7-2023.

Parágrafo único. Na hipótese prevista no inciso IV do *caput*, o edital deverá prever expressamente:

I – o responsável por cada fase do procedimento expropriatório;

II – o orçamento estimado para sua realização;

III – a distribuição objetiva de riscos entre as partes, incluído o risco pela variação do custo das desapropriações em relação ao orçamento estimado.

- Parágrafo único acrescido pela Lei nº 14.620, de 13-7-2023.

Art. 4º ....

Parágrafo único. Quando a desapropriação executada pelos autorizados a que se refere o art. 3º destinar-se a planos de urbanização, de renovação urbana ou de parcelamento ou reparcelamento do solo previstos no plano diretor, o edital de licitação poderá prever que a receita decorrente da revenda ou da utilização imobiliária integre projeto associado por conta e risco do contratado, garantido ao poder público responsável pela contratação, no mínimo, o ressarcimento dos desembolsos com indenizações, quando essas ficarem sob sua responsabilidade.

- Parágrafo único com a redação dada pela Lei nº 14.620, de 13-7-2023.

Art. 4º-A. Quando o imóvel a ser desapropriado caracterizar-se como núcleo urbano informal ocupado predominantemente por população de baixa renda, nos termos do § 2º do art. 9º da Lei nº 13.465, de 11 de julho de 2017, e seu regulamento, o ente expropriante deverá prever, no planejamento da ação de desapropriação, medidas compensatórias.

§ 1º As medidas compensatórias a que se refere o *caput* incluem a realocação de famílias em outra unidade habitacional, a indenização de benfeitorias ou a compensação financeira suficiente para assegurar o restabelecimento da família em outro local, exigindo-se, para este fim, o prévio cadastramento dos ocupantes.

§ 2º Poderá ser equiparada à família ou à pessoa de baixa renda aquela ocupante da área que, por sua situação fática específica, apresente condição de vulnerabilidade, conforme definido pelo expropriante.

- Art. 4º-A acrescido pela Lei nº 14.620, de 13-7-2023.

Art. 5º ....

....

§ 4º ....

- § 4º acrescido pela Lei nº 14.273, de 23-12-2021.

§ 5º Aplica-se o disposto no § 4º nos casos de desapropriação para fins de execução de planos de urbanização, de renovação urbana ou de parcelamento ou reparcelamento do solo, desde que seja assegurada a destinação prevista no referido plano de urbanização ou de parcelamento do solo.

- § 5º com a redação dada pela Lei nº 14.620, de 13-7-2023.

§ 6º Comprovada a inviabilidade ou a perda objetiva de interesse público em manter a destinação do bem prevista no decreto expropriatório, o expropriante deverá adotar uma das seguintes medidas, nesta ordem de preferência:

I – destinar a área não utilizada para outra finalidade pública; ou

II – alienar o bem a qualquer interessado, na forma prevista em lei, assegurado o direito de preferência à pessoa física ou jurídica desapropriada.

§ 7º No caso de desapropriação para fins de execução de planos de urbanização, de renovação urbana ou de parcelamento ou reparcelamento do solo, as diretrizes do plano de urbanização ou de parcelamento do solo deverão estar previstas no plano diretor, na legislação de uso e ocupação do solo ou em lei municipal específica.

- §§ 6º e 7º acrescidos pela Lei nº 14.620, de 13-7-2023.

Art. 7º Declarada a utilidade pública, ficam as autoridades administrativas do expropriante ou seus representantes autorizados a ingressar nas áreas compreendidas na declaração, inclusive para realizar inspeções e levantamentos de campo, podendo recorrer, em caso de resistência, ao auxílio de força policial.

- *Caput* com a redação dada pela Lei nº 14.620, de 13-7-2023.

Parágrafo único. Em caso de dano por excesso ou abuso de poder ou originário das inspeções e levantamentos de campo realizados, cabe indenização por perdas e danos, sem prejuízo da ação penal.

- Parágrafo único acrescido pela Lei nº 14.620, de 13-7-2023.

....

Art. 15-A. No caso de imissão prévia na posse, na desapropriação por necessidade ou utilidade pública ou na desapropriação por interesse social prevista na Lei nº 4.132, de 10 de setembro de 1962, na hipótese de haver divergência entre o preço ofertado em juízo e o valor do bem fixado na sentença, expressos em termos reais, poderão incidir juros compensatórios de até 6% a.a. (seis por cento ao ano) sobre o valor da diferença eventualmente apurada, contado da data de imissão na posse, vedada a aplicação de juros compostos.

- *Caput* do art. 15-A com a redação dada pela Lei nº 14.620, de 13-7-2023.

....

§ 1º Os juros compensatórios destinam-se apenas a compensar danos correspondentes a lucros cessantes comprovadamente sofridos pelo proprietário, não incidindo nas indenizações relativas às desapropriações que tiverem como pressuposto o descumprimento da função social da propriedade, previstas no art. 182, § 4º, inciso III, e no art. 184 da Constituição.

§ 2º O disposto no *caput* aplica-se também às ações ordinárias de indenização por apossamento administrativo ou por desapropriação indireta e às ações que visem à indenização por restrições decorrentes de atos do poder público.

§ 3º Nas ações referidas no § 2º, o poder público não será onerado por juros compensatórios relativos a período anterior à aquisição da propriedade ou da posse titulada pelo autor da ação.

- §§ 1º a 3º com a redação dada pela Lei nº 14.620, de 13-7-2023.

LEI Nº 4.591/1964 (LEI DO CONDOMÍNIO E INCORPORAÇÕES)
PÁGINA(S): 575 E 576
INSTR.: ALTERAR REDAÇÃO

Art. 31-A. ....

- *Caput* do art. 31-A acrescido pela Lei nº 10.931, de 2-8-2004.

....

§ 2º ....

- §§ 1º e 2º acrescidos pela Lei nº 10.931, de 2-8-2004.

§ 3º Os bens e direitos integrantes do patrimônio de afetação somente poderão ser objeto de garantia real em operação de crédito cujo produto seja integralmente destinado à consecução da edificação correspondente e à entrega das unidades imobiliárias e de suas pertenças aos respectivos adquirentes.

- § 3º com a redação dada pela Lei nº 14.620, de 13-7-2023.

....

§ 12. ....

- §§ 4º a 12 acrescidos pela Lei nº 10.931, de 2-8-2004.

Art. 31-B. ....

....

Art. 31-D. ....

- Arts. 31-B a 31-D acrescidos pela Lei nº 10.931, de 2-8-2004.

LEI Nº 4.728/1965 (LEI DO MERCADO DE CAPITAIS)
PÁGINA(S): 599
INSTR.: ALTERAR REDAÇÃO

Arts. 49 e 50. *Revogados.* MP nº 1.184, de 28-8-2023, que até o encerramento desta edição não havia sido convertida em lei.

DECRETO-LEI Nº 911/1969
PÁGINA(S): 642
INSTR.: INSERIR REDAÇÃO

DECRETO-LEI Nº 911, DE 1º DE OUTUBRO DE 1969

Altera a redação do artigo 66 da Lei nº 4.728, de 14 de julho de 1965, estabelece normas de processo sobre alienação fiduciária e dá outras providências.

- Publicado no *DOU* de 3-10-1969.

Art. 1º O artigo 66, da Lei nº 4.728, de 14 de julho de 1965, passa a ter a seguinte redação:

- O art. 66 da Lei nº 4.728, de 14-7-1965, foi revogado pela Lei nº 10.931, de 2-8-2004.

Art. 2º No caso de inadimplemento ou mora nas obrigações contratuais garantidas mediante alienação fiduciária, o proprietário fiduciário ou credor poderá vender a coisa a terceiros, independentemente de leilão, hasta pública, avaliação prévia ou qualquer outra medida judicial ou extrajudicial, salvo disposição expressa em contrário prevista no contrato, devendo aplicar o preço da venda no pagamento de seu crédito e das despesas decorrentes e entregar ao devedor o saldo apurado, se houver, com a devida prestação de contas.

- *Caput* com a redação dada pela Lei nº 13.043, de 13-11-2014.

§ 1º O crédito a que se refere o presente artigo abrange o principal, juros e comissões, além das taxas, cláusula penal e correção monetária, quando expressamente convencionados pelas partes.

§ 2º A mora decorrerá do simples vencimento do prazo para pagamento e poderá ser comprovada por carta registrada com aviso de recebimento, não se exigindo que a assinatura constante do referido aviso seja a do próprio destinatário.

▪ § 2º com a redação dada pela Lei nº 13.043, de 13-11-2014.

§ 3º A mora e o inadimplemento de obrigações contratuais garantidas por alienação fiduciária, ou a ocorrência legal ou convencional de algum dos casos de antecipação de vencimento da dívida facultarão ao credor considerar, de pleno direito, vencidas todas as obrigações contratuais, independentemente de aviso ou notificação judicial ou extrajudicial.

§ 4º Os procedimentos previstos no *caput* e no seu § 2º aplicam-se às operações de arrendamento mercantil previstas na forma da Lei nº 6.099, de 12 de setembro de 1974.

▪ § 4º acrescido pela Lei nº 13.043, de 13-11-2014.

Art. 3º O proprietário fiduciário ou credor poderá, desde que comprovada a mora, na forma estabelecida pelo § 2º do art. 2º, ou o inadimplemento, requerer contra o devedor ou terceiro a busca e apreensão do bem alienado fiduciariamente, a qual será concedida liminarmente, podendo ser apreciada em plantão judiciário.

▪ *Caput* com a redação dada pela Lei nº 13.043, de 13-11-2014.

§ 1º Cinco dias após executada a liminar mencionada no *caput*, consolidar-se-ão a propriedade e a posse plena e exclusiva do bem no patrimônio do credor fiduciário, cabendo às repartições competentes, quando for o caso, expedir novo certificado de registro de propriedade em nome do credor, ou de terceiro por ele indicado, livre do ônus da propriedade fiduciária.

§ 2º No prazo do § 1º, o devedor fiduciante poderá pagar a integralidade da dívida pendente, segundo os valores apresentados pelo credor fiduciário na inicial, hipótese na qual o bem lhe será restituído livre do ônus.

§ 3º O devedor fiduciante apresentará resposta no prazo de quinze dias da execução da liminar.

§ 4º A resposta poderá ser apresentada ainda que o devedor tenha se utilizado da faculdade do § 2º, caso entenda ter havido pagamento a maior e desejar restituição.

§ 5º Da sentença cabe apelação apenas no efeito devolutivo.

§ 6º Na sentença que decretar a improcedência da ação de busca e apreensão, o juiz condenará o credor fiduciário ao pagamento de multa, em favor do devedor fiduciante, equivalente a cinquenta por cento do valor originalmente financiado, devidamente atualizado, caso o bem já tenha sido alienado.

▪ §§ 1º a 6º com a redação dada pela Lei nº 10.931, de 2-8-2004.

§ 7º A multa mencionada no § 6º não exclui a responsabilidade do credor fiduciário por perdas e danos.

§ 8º A busca e apreensão prevista no presente artigo constitui processo autônomo e independente de qualquer procedimento posterior.

▪ §§ 7º e 8º acrescidos pela Lei nº 10.931, de 2-8-2004.

§ 9º Ao decretar a busca e apreensão de veículo, o juiz, caso tenha acesso à base de dados do Registro Nacional de Veículos Automotores – RENAVAM, inserirá diretamente a restrição judicial na base de dados do RENAVAM, bem como retirará tal restrição após a apreensão.

§ 10. Caso o juiz não tenha acesso à base de dados prevista no § 9º, deverá oficiar ao departamento de trânsito competente para que:

I – registre o gravame referente à decretação da busca e apreensão do veículo; e

II – retire o gravame após a apreensão do veículo.

§ 11. O juiz também determinará a inserção do mandado a que se refere o § 9º em banco próprio de mandados.

§ 12. A parte interessada poderá requerer diretamente ao juízo da comarca onde foi localizado o veículo com vistas à sua apreensão, sempre que o bem estiver em comarca distinta daquela da tramitação da ação, bastando que em tal requerimento conste a cópia da petição inicial da ação e, quando for o caso, a cópia do despacho que concedeu a busca e apreensão do veículo.

§ 13. A apreensão do veículo será imediatamente comunicada ao juízo, que intimará a instituição financeira para retirar o veículo do local depositado no prazo máximo de 48 (quarenta e oito) horas.

§ 14. O devedor, por ocasião do cumprimento do mandado de busca e apreensão, deverá entregar o bem e seus respectivos documentos.

§ 15. As disposições deste artigo aplicam-se no caso de reintegração de posse de veículos referente às operações de arrendamento mercantil previstas na Lei nº 6.099, de 12 de setembro de 1974.

▪ §§ 9º a 15 acrescidos pela Lei nº 13.043, de 13-11-2014.

Art. 4º Se o bem alienado fiduciariamente não for encontrado ou não se achar na posse do devedor, fica facultado ao credor requerer, nos mesmos autos, a conversão do pedido de busca e apreensão em ação executiva, na forma prevista no Capítulo II do Livro II da Lei nº 5.869, de 11 de janeiro de 1973 – Código de Processo Civil.

▪ Artigo com a redação dada pela Lei nº 13.043, de 13-11-2014.

Art. 5º Se o credor preferir recorrer à ação executiva, direta ou a convertida na forma do art. 4º, ou, se for o caso ao executivo fiscal, serão penhorados, a critério do autor da ação, bens do devedor quantos bastem para assegurar a execução.

▪ *Caput* com a redação dada pela Lei nº 13.043, de 13-11-2014.

Parágrafo único. Não se aplica à alienação fiduciária o disposto nos incisos VI e VIII do artigo 649 do Código de Processo Civil.

▪ Parágrafo único com a redação dada pela Lei nº 6.071, de 3-7-1974.
▪ Refere-se ao CPC/1973.

Art. 6º O avalista, fiador ou terceiro interessado, que pagar a dívida do alienante ou devedor, se sub-rogará, de pleno direito, no crédito e na garantia constituída pela alienação fiduciária.

Art. 6º-A. O pedido de recuperação judicial ou extrajudicial pelo devedor nos termos da Lei nº 11.101, de 9 de fevereiro de 2005, não impede a distribuição e a busca e apreensão do bem.

▪ Art. 6º-A acrescido pela Lei nº 13.043, de 13-11-2014.

Art. 7º Na falência do devedor alienante, fica assegurado ao credor ou proprietário fiduciário o direito de pedir, na forma prevista na lei, a restituição do bem alienado fiduciariamente.

Parágrafo único. Efetivada a restituição o proprietário fiduciário agirá na forma prevista neste Decreto-Lei.

Art. 7º-A. Não será aceito bloqueio judicial de bens constituídos por alienação fiduciária nos termos deste Decreto-Lei, sendo que, qualquer discussão sobre concursos de preferências deverá ser resolvida pelo valor da venda do bem, nos termos do art. 2º.

- Art. 7º-A acrescido pela Lei nº 13.043, de 13-11-2014.

Art. 8º O Conselho Nacional de Trânsito, no prazo máximo de sessenta dias, a contar da vigência do presente Decreto-Lei, expedirá normas regulamentares relativas à alienação fiduciária de veículos automotores.

Art. 8º-A. O procedimento judicial disposto neste Decreto-Lei aplica-se exclusivamente às hipóteses da Seção XIV da Lei nº 4.728, de 14 de julho de 1965, ou quando o ônus da propriedade fiduciária tiver sido constituído para fins de garantia de débito fiscal ou previdenciário.

- Art. 8º-A acrescido pela Lei nº 10.931, de 2-8-2004.

Art. 9º O presente Decreto-Lei entrará em vigor na data de sua publicação, aplicando-se, desde logo, aos processos em curso, revogadas as disposições em contrário.

Brasília, 1º de outubro de 1969;
148º da Independência e
81º da República.

Augusto Hamann Rademaker
Grunewald Aurélio de Lyra Tavares
Márcio de Souza Mello

LEI Nº 6.015/1973 (LEI DOS REGISTROS PÚBLICOS)
PÁGINA(S): 678, 680, 683 A 686
INSTR.: ALTERAR/INSERIR REDAÇÃO/INSERIR NOTA

Art. 176-A. O registro de aquisição originária ensejará a abertura de matrícula relativa ao imóvel adquirido, se não houver, ou quando:

- *Caput* com a redação dada pela Lei nº 14.620, de 13-7-2023.

I – atingir parte de imóvel objeto de registro anterior; ou
II – atingir, total ou parcialmente, mais de um imóvel objeto de registro anterior.

- Incisos I e II acrescidos pela Lei nº 14.620, de 13-7-2023.

§ 1º A matrícula será aberta com base em planta e memorial descritivo do imóvel utilizados na instrução do procedimento administrativo ou judicial que ensejou a aquisição.

§ 2º As matrículas atingidas deverão, conforme o caso, ser encerradas ou receber averbação dos respectivos desfalques, dispensada, para esse fim, a retificação do memorial descritivo da área remanescente.

- §§ 1º e 2º com a redação dada pela Lei nº 14.620, de 13-7-2023.

....

§ 4º Se a área adquirida em caráter originário for maior do que a constante do registro existente, a informação sobre a diferença apurada será averbada na matrícula aberta.

- § 4º com a redação dada pela Lei nº 14.620, de 13-7-2023.

§ 4º-A. Eventuais divergências entre a descrição do imóvel constante do registro e aquela apresentada pelo requerente não obstarão o registro.

- § 4º-A acrescido pela Lei nº 14.620, de 13-7-2023.

§ 5º O disposto neste artigo aplica-se, sem prejuízo de outros, ao registro de:

- *Caput* do § 5º com a redação dada pela Lei nº 14.620, de 13-7-2023.

....

III – ....

- Incisos I a III acrescidos pela Lei nº 14.273, de 23-12-2021.

IV – aquisição de área por usucapião ou por concessão de uso especial para fins de moradia;
V – sentença judicial de aquisição de imóvel, em procedimento expropriatório de que tratam os §§ 4º e 5º do art. 1.228 da Lei nº 10.406, de 10 de janeiro de 2002 (Código Civil).

- Incisos IV e V acrescidos pela Lei nº 14.620, de 13-7-2023.

....

Art. 195-B. A União, os Estados, o Distrito Federal e os Municípios poderão solicitar ao registro de imóveis competente a abertura de matrícula de parte ou da totalidade de imóveis urbanos sem registro anterior, cujo domínio lhe tenha sido assegurado pela legislação, por meio de requerimento acompanhado dos documentos previstos nos incisos I, II e III do *caput* do art. 195-A.

- *Caput* do art. 195-B com a redação dada pela Lei nº 14.620, de 13-7-2023.

I – ....

....

§ 2º Sem prejuízo da possibilidade de requerer a abertura de matrícula para seus bens, nos termos do *caput*, o Município poderá, em acordo com o Estado, requerer, em nome deste, a abertura de matrícula de imóveis urbanos estaduais situados nos limites do respectivo território municipal no registro de imóveis competente.

- § 2º com a redação dada pela Lei nº 14.620, de 13-7-2023.

....

Art. 213. ....

....

§ 15 ....

- §§ 14 e 15 acrescidos pela Lei nº 10.931, de 2-8-2004.

....

§ 17. Se, realizadas buscas, não for possível identificar os titulares do domínio dos imóveis confrontantes do imóvel retificando, definidos no § 10, deverá ser colhida a anuência de eventual ocupante, devendo os interessados não identificados ser notificados por meio de edital eletrônico, publicado 1 (uma) vez na internet, para se manifestarem no prazo de 15 (quinze) dias úteis, com as implicações previstas no § 4º deste artigo.

- § 17 acrescido pela Lei nº 14.620, de 13-7-2023.

....

Art. 221 ....

....

II – escritos particulares autorizados em lei, assinados pelas partes e pelas testemunhas, com as firmas reconhecidas;

- Inciso II com a redação dada pela Lei nº 14.620, de 13-7-2023.

..........;

VI – contratos ou termos administrativos, assinados com os legitimados a que se refere o art. 3º do Decreto-Lei nº 3.365, de 21 de junho de 1941 (Lei da Desapropriação), no âmbito das desapropriações extrajudiciais.

- Inciso VI acrescido pela Lei nº 14.620, de 13-7-2023.

....

§ 4º ....

- ....

§ 5º Os escritos particulares a que se refere o inciso II do *caput* deste artigo, quando relativos a atos praticados por instituições financeiras que atuem com crédito imobiliário autorizadas a celebrar instrumentos particulares com caráter de escritura pública, dispensam as testemunhas e o reconhecimento de firma.

§ 6º Os contratos e termos administrativos mencionados no inciso VI deverão ser submetidos à qualificação registral pelo oficial do registro de imóveis, previamente ao pagamento do valor devido ao expropriado.

- §§ 5º e 6º acrescidos pela Lei nº 14.620, de 13-7-2023.

....

Art. 235 ....

....

III – 2 (dois) ou mais imóveis contíguos objeto de imissão provisória registrada em nome da União, dos Estados, do Distrito Federal, dos Municípios ou de suas entidades delegadas ou contratadas e sua respectiva cessão e promessa de cessão.

- Inciso III com a redação dada pela Lei nº 14.620, de 13-7-2023.

LEI Nº 6.766/1979 (LEI DO PARCELAMENTO DO SOLO)
PÁGINA(S): 782 E 783
INSTR.: INSERIR REDAÇÃO/INSERIR NOTA

Art. 18. ....

....

§ 7º ....

- ....

Art. 18-A. A critério do loteador, o loteamento poderá ser submetido ao regime da afetação, pelo qual o terreno e a infraestrutura, bem como os demais bens e direitos a ele vinculados, manter-se-ão apartados do patrimônio do loteador e constituirão patrimônio de afetação, destinado à consecução do loteamento correspondente e à entrega dos lotes urbanizados aos respectivos adquirentes.

§ 1º O patrimônio de afetação não se comunica com os demais bens, direitos e obrigações do patrimônio geral do loteador ou de outros patrimônios de afetação por ele constituídos e só responde por dívidas e obrigações vinculadas ao loteamento respectivo e à entrega dos lotes urbanizados aos respectivos adquirentes.

§ 2º O loteador responde pelos prejuízos que causar ao patrimônio de afetação.

§ 3º Os bens e direitos integrantes do loteamento somente poderão ser objeto de garantia real em operação de crédito cujo produto seja integralmente destinado à implementação da infraestrutura correspondente e à entrega dos lotes urbanizados aos respectivos adquirentes.

§ 4º No caso de cessão, plena ou fiduciária, de direitos creditórios oriundos da comercialização dos lotes componentes do loteamento, o produto da cessão também passará a integrar o patrimônio de afetação.

§ 5º Os recursos financeiros integrantes do patrimônio de afetação serão administrados pelo loteador.

§ 6º Nos loteamentos objeto de financiamento, a comercialização dos lotes deverá contar com a anuência ou a ciência da instituição financiadora, conforme vier a ser estabelecido no contrato de financiamento.

§ 7º A contratação de financiamento e a constituição de garantias, inclusive mediante transmissão, para o credor, da propriedade fiduciária sobre os lotes integrantes do loteamento, bem como a cessão, plena ou fiduciária, de direitos creditórios decorrentes da comercialização desses lotes, não implicam a transferência para o credor de nenhuma das obrigações ou responsabilidades do cedente loteador, permanecendo este como único responsável pelas obrigações e pelos deveres que lhe são imputáveis.

Art. 18-B. Considera-se constituído o patrimônio de afetação mediante averbação, a qualquer tempo, no Registro de Imóveis, de termo firmado pelo loteador e, quando for o caso, também pelos titulares de direitos reais de aquisição de lotes objeto de loteamento.

Parágrafo único. A averbação não será obstada pela existência de ônus reais que tenham sido constituídos sobre o imóvel objeto do loteamento para garantia do pagamento do preço de sua aquisição ou do cumprimento de obrigação de implantar o empreendimento.

Art. 18-C. A Comissão de Representantes, a Prefeitura e a instituição financiadora da infraestrutura poderão nomear, às suas expensas, pessoa física ou jurídica para fiscalizar e acompanhar o patrimônio de afetação.

§ 1º A nomeação a que se refere o *caput* não transfere para o nomeante qualquer responsabilidade pela qualidade da implementação da infraestrutura, pelo prazo do termo de verificação da sua realização ou por qualquer outra obrigação decorrente da responsabilidade do loteador, seja legal ou oriunda dos contratos de alienação dos lotes, de obra e de outros contratos eventualmente vinculados ao loteamento.

§ 2º A pessoa que, em decorrência do exercício da fiscalização de que trata o *caput* deste artigo, obtiver acesso às informações comerciais, tributárias ou de qualquer outra natureza referentes ao patrimônio afetado responderá pela falta de zelo, de dedicação e de sigilo dessas informações.

§ 3º A pessoa nomeada pela instituição financiadora deverá fornecer cópia de seu relatório ou parecer à Comissão de Representantes, a requerimento desta, não constituindo esse fornecimento quebra do sigilo a que se refere o § 2º deste artigo.

Art. 18-D. Incumbe ao loteador:

I – promover todos os atos necessários à boa administração e à preservação do patrimônio de afetação, inclusive mediante adoção de medidas judiciais;

II – manter apartados os bens e direitos objeto de cada loteamento;

III – diligenciar a captação dos recursos necessários ao loteamento, cuidando de preservar os recursos necessários à conclusão da infraestrutura;

IV – entregar à Comissão de Representantes, no mínimo a cada 3 (três) meses, demonstrativo do estado da obra e de sua correspondência com o prazo pactuado ou com os recursos financeiros que integrem o patrimônio de afetação recebidos no período, firmado por profissionais habilitados, ressalvadas eventuais modificações sugeridas pelo loteador e aprovadas pela Comissão de Representantes;

V – manter e movimentar os recursos financeiros do patrimônio de afetação em pelo menos 1 (uma) conta de depósito aberta especificamente para tal fim;

VI – entregar à Comissão de Representantes balancetes coincidentes com o trimestre civil, relativos a cada patrimônio de afetação;

VII – assegurar à pessoa nomeada nos termos do art. 18-C o livre acesso à obra, bem como aos livros, aos contratos, à movimentação da conta de depósito exclusiva referida no inciso V deste artigo e a quaisquer outros documentos relativos ao patrimônio de afetação;

VIII – manter escrituração contábil completa, ainda que esteja desobrigado pela legislação tributária.

Art. 18-E. O patrimônio de afetação extinguir-se-á pela averbação do termo de verificação emitido pelo órgão público competente, pelo registro dos títulos de domínio ou de direito de aquisição em nome dos respectivos adquirentes e, quando for o caso, pela extinção das obrigações do loteador perante eventual instituição financiadora da obra.

Art. 18-F. Os efeitos da decretação da falência ou da insolvência civil do loteador não atingem os patrimônios de afetação constituídos, não integrando a massa concursal o terreno, a obra até então realizada e os demais bens, direitos creditórios, obrigações e encargos objeto do loteamento.

- Arts. 18-A a 18-F acrescidos pela Lei nº 14.620, de 13-7-2023.

....

Art. 22. ....

§ 1º ....

- Parágrafo único transformado em § 1º pela Lei nº 14.620, de 13-7-2023.

§ 2º A partir da data de registro do loteamento, o Município providenciará a atualização do cadastro imobiliário da gleba que serviu de base para a aprovação do loteamento e das áreas que passaram a integrar o seu domínio.

§ 3º Somente a partir da emissão do Termo de Verificação e Execução de Obras (TVEO), o Município promoverá a individualização dos lotes no cadastro imobiliário municipal em nome do adquirente ou compromissário comprador no caso dos lotes comercializados e, em nome do proprietário da gleba, no caso dos lotes não comercializados.

- §§ 2º e 3º acrescidos pela Lei nº 14.620, de 13-7-2023.

....

Art. 26. ....

....

§ 3º Admite-se a cessão da posse em que estiverem provisoriamente imitidas a União, os Estados, o Distrito Federal, os Municípios e suas entidades delegadas, o que poderá ocorrer por instrumento particular, ao qual se atribui, no caso dos parcelamentos populares, para todos os fins de direito, caráter de escritura pública, não se aplicando a disposição do art. 108 da Lei nº 10.406, de 10 de janeiro de 2002 (Código Civil).

- § 3º com a redação dada pela Lei nº 14.620, de 13-7-2023.

....

§ 6º ....

- §§ 4º a 6º acrescidos pela Lei nº 9.785, de 29-1-1999.

LEI Nº 8.906/1994 (ESTATUTO DA ADVOCACIA E DA OAB)
PÁGINA(S): 869, 875 A 877
INSTR.: ALTERAR/INSERIR REDAÇÃO/INSERIR NOTAS

Art. 7º ....

....

§ 6º ....

- § 6º acrescido pela Lei nº 11.767, de 7-8-2008.

§ 6º-A. ....

....

§ 7º ....

- § 7º acrescido pela Lei nº 11.767, de 7-8-2008.

....

Art. 28. ....

....

§ 3º ....

- O STF, por unanimidade, julgou procedente a ADIN nº 7.227, para declarar a inconstitucionalidade deste parágrafo (*DOU* de 11-4-2023).

§ 4º ....

- O STF, por unanimidade, julgou procedente a ADIN nº 7.227, para declarar a inconstitucionalidade deste parágrafo (*DOU* de 11-4-2023).

....

Art. 34. ....

....

XXIX – ....;

XXX – praticar assédio moral, assédio sexual ou discriminação.

- Inciso XXX acrescido pela Lei nº 14.612, de 3-7-2023.

§ 1º ....

- Parágrafo único transformado em § 1º pela Lei nº 14.612, de 3-7-2023.

§ 2º Para os fins desta Lei, considera-se:

I – assédio moral: a conduta praticada no exercício profissional ou em razão dele, por meio da repetição deliberada de gestos, palavras faladas ou escritas ou comportamentos que exponham o estagiário, o advogado ou qualquer outro profissional que esteja prestando seus serviços a situações humilhantes e constrangedoras, capazes de lhes causar ofensa à personalidade, à dignidade e à integridade psíquica ou física, com o objetivo de excluí-los das suas funções ou de desestabilizá-los emocionalmente, deteriorando o ambiente profissional;

II – assédio sexual: a conduta de conotação sexual praticada no exercício profissional ou em razão dele, manifestada fisicamente ou por palavras, gestos ou outros meios, proposta ou imposta à pessoa contra sua vontade, causando-lhe constrangimento e violando a sua liberdade sexual;

III – discriminação: a conduta comissiva ou omissiva que dispense tratamento constrangedor ou humilhante a pessoa ou grupo de pessoas, em razão de sua deficiência, pertença a determinada raça, cor ou sexo, procedência nacional ou regional, origem étnica, condição de gestante, lactante ou nutriz, faixa etária, religião ou outro fator.

- § 2º acrescido pela Lei nº 14.612, de 3-7-2023.

...

Art. 37. ...

I – infrações definidas nos incisos XVII a XXV e XXX do *caput* do art. 34 desta Lei;

- Inciso I com a redação dada pela Lei nº 14.612, de 3-7-2023.

LEI Nº 9.514/1997
PÁGINA(S): 962, 964 E 965
INSTR.: ALTERAR/INSERIR REDAÇÃO/INSERIR NOTA

Art. 22. ...

...

§ 1º ...

...;

IV – ...

- Incisos I a IV acrescidos pela Lei nº 11.481, de 31-5-2007.

V – os direitos oriundos da imissão provisória na posse, quando concedida à União, aos Estados, ao Distrito Federal, aos Municípios ou às suas entidades delegadas, e a respectiva cessão e promessa de cessão;

VI – os bens que, não constituindo partes integrantes do imóvel, destinam-se, de modo duradouro, ao uso ou ao serviço deste.

- Incisos V e VI acrescidos pela Lei nº 14.620, de 13-7-2023.

...

Art. 23. ...

§ 1º ...

- Parágrafo único transformado em § 1º pela Lei nº 14.620, de 13-7-2023.

§ 2º Caberá ao fiduciante a obrigação de arcar com o custo do pagamento do Imposto sobre a Propriedade Predial e Territorial Urbana (IPTU) incidente sobre o bem e das taxas condominiais existentes.

- § 2º acrescido pela Lei nº 14.620, de 13-7-2023.

Art. 24. ...

...

Parágrafo único. Caso o valor do imóvel convencionado pelas partes nos termos do inciso VI do *caput* deste artigo seja inferior ao utilizado pelo órgão competente como base de cálculo para a apuração do imposto sobre transmissão *inter vivos*, exigível por força da consolidação da propriedade em nome do credor fiduciário, este último será o valor mínimo para efeito de venda do imóvel no primeiro leilão.

- Parágrafo único acrescido pela Lei nº 13.465, de 11-7-2017.

...

Art. 27. ...

...

§ 10. Os leilões e a publicação dos respectivos editais poderão ser realizados por meio eletrônico.

- § 10 acrescido pela Lei nº 14.620, de 13-7-2023.

...

Art. 37-C. Os editais previstos nesta Lei poderão ser publicados de forma eletrônica.

- Art. 37-C acrescido pela Lei nº 14.620, de 13-7-2023.

LEI Nº 9.656/1998 (LEI DOS PLANOS E SEGUROS PRIVADOS DE SAÚDE)
PÁGINA(S): 983
INSTR.: ALTERAR/INSERIR REDAÇÃO

Art. 10-A. Cabe à operadora definida no inciso II do *caput* do art. 1º desta Lei, por meio de sua rede de unidades conveniadas, prestar serviço de cirurgia plástica reconstrutiva de mama, utilizando-se de todos os meios e técnicas necessárias, para o tratamento de mutilação decorrente de utilização de técnica de tratamento de câncer.

- *Caput* do art. 10-A com a redação dada pela Lei nº 14.158, de 31-3-2023.

...

§ 5º ...

- §§ 4º e 5º acrescidos pela Lei nº 14.158, de 31-3-2023.

LEI Nº 10.188/2001
PÁGINA(S): 1014
INSTR.: ALTERAR/INSERIR REDAÇÃO/INSERIR NOTA

Art. 1º ...

...

§ 4º Os imóveis produzidos com recursos do Fundo de Arrendamento Residencial (FAR) poderão ser destinados por cessão, doação, locação, comodato, arrendamento ou venda, em contrato subsidiado ou não, total ou parcialmente, para pessoa física ou jurídica, conforme regulamentação do Ministério das Cidades, sem prejuízo de outros negócios jurídicos compatíveis, com prioridade para:

- *Caput* do § 4º com a redação dada pela Lei nº 14.620, de 13-7-2023.

I – ...

- Inciso I acrescido pela Lei nº 14.312, de 14-3-2022.

II – pessoas físicas que constituam o público-alvo dos programas habitacionais federais, as quais não poderão ser impedidas de habitar com seus animais domésticos nessas residências, respeitando as normas vigentes e garantindo o bem-estar animal.

- Inciso II com a redação dada pela Lei nº 14.620, de 13-7-2023.

§ 5º O FAR poderá financiar os gastos necessários para viabilizar a provisão de energia de fontes renováveis aos beneficiários diretos dos investimentos habitacionais realizados no âmbito do Programa Minha Casa, Minha Vida.

- § 5º acrescido pela Lei nº 14.620, de 13-7-2023.

LEI Nº 10.257/2001
PÁGINA(S): 1020
INSTR.: INSERIR REDAÇÃO

LEI Nº 10.257, DE 10 DE JULHO DE 2001

Regulamenta os arts. 182 e 183 da Constituição Federal, estabelece diretrizes gerais da política urbana e dá outras providências.

- Publicada no *DOU* de 11-7-2001 e retificada no *DOU* de 17-7-2001.

CAPÍTULO I
DIRETRIZES GERAIS

Art. 1º Na execução da política urbana, de que tratam os artigos 182 e 183 da Constituição Federal, será aplicado o previsto nesta Lei.

Parágrafo único. Para todos os efeitos, esta Lei, denominada Estatuto da Cidade, estabelece normas de ordem pública e interesse social que regulam o uso da propriedade urbana em prol do bem coletivo, da segurança e do bem-estar dos cidadãos, bem como do equilíbrio ambiental.

Art. 2º A política urbana tem por objetivo ordenar o pleno desenvolvimento das funções sociais da cidade e da propriedade urbana, mediante as seguintes diretrizes gerais:

I – garantia do direito a cidades sustentáveis, entendido como o direito à terra urbana, à moradia, ao saneamento ambiental, à infraestrutura urbana, ao transporte e aos serviços públicos, ao trabalho e ao lazer, para as presentes e futuras gerações;

II – gestão democrática por meio da participação da população e de associações representativas dos vários segmentos da comunidade na formulação, execução e acompanhamento de planos, programas e projetos de desenvolvimento urbano;

III – cooperação entre os governos, a iniciativa privada e os demais setores da sociedade no processo de urbanização, em atendimento ao interesse social;

IV – planejamento do desenvolvimento das cidades, da distribuição espacial da população e das atividades econômicas do Município e do território sob sua área de influência, de modo a evitar e corrigir as distorções do crescimento urbano e seus efeitos negativos sobre o meio ambiente;

V – oferta de equipamentos urbanos e comunitários, transporte e serviços públicos adequados aos interesses e necessidades da população e às características locais;

VI – ordenação e controle do uso do solo, de forma a evitar:

a) a utilização inadequada dos imóveis urbanos;

b) a proximidade de usos incompatíveis ou inconvenientes;

c) o parcelamento do solo, a edificação ou o uso excessivos ou inadequados em relação à infraestrutura urbana;

d) a instalação de empreendimentos ou atividades que possam funcionar como polos geradores de tráfego, sem a previsão da infraestrutura correspondente;

e) a retenção especulativa de imóvel urbano, que resulte na sua subutilização ou não utilização;

f) a deterioração das áreas urbanizadas;

g) a poluição e a degradação ambiental;

h) a exposição da população a riscos de desastres.

- Alínea *h* com a redação dada pela Lei nº 12.608, de 10-4-2012.

VII – integração e complementaridade entre as atividades urbanas e rurais, tendo em vista o desenvolvimento socioeconômico do Município e do território sob sua área de influência;

VIII – adoção de padrões de produção e consumo de bens e serviços e de expansão urbana compatíveis com os limites da sustentabilidade ambiental, social e econômica do Município e do território sob sua área de influência;

IX – justa distribuição dos benefícios e ônus decorrentes do processo de urbanização;

X – adequação dos instrumentos de política econômica, tributária e financeira e dos gastos públicos aos objetivos do desenvolvimento urbano, de modo a privilegiar os investimentos geradores de bem-estar geral e a fruição dos bens pelos diferentes segmentos sociais;

XI – recuperação dos investimentos do Poder Público de que tenha resultado a valorização de imóveis urbanos;

XII – proteção, preservação e recuperação do meio ambiente natural e construído, do patrimônio cultural, histórico, artístico, paisagístico e arqueológico;

XIII – audiência do Poder Público municipal e da população interessada nos processos de implantação de empreendimentos ou atividades com efeitos potencialmente negativos sobre o meio ambiente natural ou construído, o conforto ou a segurança da população;

XIV – regularização fundiária e urbanização de áreas ocupadas por população de baixa renda mediante o estabelecimento de normas especiais de urbanização, uso e ocupação do solo e edificação, consideradas a situação socioeconômica da população e as normas ambientais;

XV – simplificação da legislação de parcelamento, uso e ocupação do solo e das normas edilícias, com vistas a permitir a redução dos custos e o aumento da oferta dos lotes e unidades habitacionais;

XVI – isonomia de condições para os agentes públicos e privados na promoção de empreendimentos e atividades relativos ao processo de urbanização, atendido o interesse social;

XVII – estímulo à utilização, nos parcelamentos do solo e nas edificações urbanas, de sistemas operacionais, padrões construtivos e aportes tecnológicos que objetivem a redução de impactos ambientais e a economia de recursos naturais;

- Inciso XVII acrescido pela Lei nº 12.836, de 2-7-2013.

XVIII – tratamento prioritário às obras e edificações de infraestrutura de energia, telecomunicações, abastecimento de água e saneamento;

- Inciso XVIII acrescido pela Lei nº 13.116, de 20-4-2015.

XIX – garantia de condições condignas de acessibilidade, utilização e conforto nas dependências internas das edificações urbanas, inclusive nas destinadas à moradia e ao serviço dos trabalhadores domésticos, observados requisitos mínimos de dimensionamento, ventilação, iluminação, ergonomia, privacidade e qualidade dos materiais empregados;

- Inciso XIX acrescido pela Lei nº 13.699, de 2-8-2018.

XX – promoção de conforto, abrigo, descanso, bem-estar e acessibilidade na fruição dos espaços livres de uso público, de seu mobiliário e de suas interfaces com os espaços de uso privado, vedado o emprego de materiais, estruturas, equipamentos e técnicas construtivas hostis que tenham como objetivo ou resultado o afastamento de pessoas em situação de rua, idosos, jovens e outros segmentos da população.

■ Inciso XX acrescido pela Lei nº 14.489, de 21-12-2022.

Art. 3º Compete à União, entre outras atribuições de interesse da política urbana:

I – legislar sobre normas gerais de direito urbanístico;

II – legislar sobre normas para a cooperação entre a União, os Estados, o Distrito Federal e os Municípios em relação à política urbana, tendo em vista o equilíbrio do desenvolvimento e do bem-estar em âmbito nacional;

III – promover, por iniciativa própria e em conjunto com os Estados, o Distrito Federal e os Municípios, programas de construção de moradias e melhoria das condições habitacionais, de saneamento básico, das calçadas, dos passeios públicos, do mobiliário urbano e dos demais espaços de uso público;

IV – instituir diretrizes para desenvolvimento urbano, inclusive habitação, saneamento básico, transporte e mobilidade urbana, que incluam regras de acessibilidade aos locais de uso público;

■ Incisos III e IV com a redação dada pela Lei nº 13.146, de 6-7-2015.

V – elaborar e executar planos nacionais e regionais de ordenação do território e de desenvolvimento econômico e social.

CAPÍTULO II

DOS INSTRUMENTOS DA POLÍTICA URBANA

Seção I

DOS INSTRUMENTOS EM GERAL

Art. 4º Para os fins desta Lei, serão utilizados, entre outros instrumentos:

I – planos nacionais, regionais e estaduais de ordenação do território e de desenvolvimento econômico e social;

II – planejamento das regiões metropolitanas, aglomerações urbanas e microrregiões;

III – planejamento municipal, em especial:

a) plano diretor;
b) disciplina do parcelamento, do uso e da ocupação do solo;
c) zoneamento ambiental;
d) plano plurianual;
e) diretrizes orçamentárias e orçamento anual;
f) gestão orçamentária participativa;
g) planos, programas e projetos setoriais;
h) planos de desenvolvimento econômico e social;

IV – institutos tributários e financeiros:

a) imposto sobre a propriedade predial e territorial urbana – IPTU;
b) contribuição de melhoria;
c) incentivos e benefícios fiscais e financeiros;

V – institutos jurídicos e políticos:

a) desapropriação;
b) servidão administrativa;
c) limitações administrativas;
d) tombamento de imóveis ou de mobiliário urbano;
e) instituição de unidades de conservação;
f) instituição de zonas especiais de interesse social;
g) concessão de direito real de uso;
h) concessão de uso especial para fins de moradia;
i) parcelamento, edificação ou utilização compulsórios;
j) usucapião especial de imóvel urbano;
l) direito de superfície;
m) direito de preempção;
n) outorga onerosa do direito de construir e de alteração de uso;
o) transferência do direito de construir;
p) operações urbanas consorciadas;
q) regularização fundiária;
r) assistência técnica e jurídica gratuita para as comunidades e grupos sociais menos favorecidos;
s) referendo popular e plebiscito;
t) demarcação urbanística para fins de regularização fundiária;
u) legitimação de posse.

■ Alíneas *t* e *u* com a redação dada pela Lei nº 11.977, de 7-7-2009.

VI – estudo prévio de impacto ambiental (EIA) e estudo prévio de impacto de vizinhança (EIV).

§ 1º Os instrumentos mencionados neste artigo regem-se pela legislação que lhes é própria, observado o disposto nesta Lei.

§ 2º Nos casos de programas e projetos habitacionais de interesse social, desenvolvidos por órgãos ou entidades da Administração Pública com atuação específica nessa área, a concessão de direito real de uso de imóveis públicos poderá ser contratada coletivamente.

§ 3º Os instrumentos previstos neste artigo que demandam dispêndio de recursos por parte do Poder Público municipal devem ser objeto de controle social, garantida a participação de comunidades, movimentos e entidades da sociedade civil.

Seção II

DO PARCELAMENTO, EDIFICAÇÃO OU UTILIZAÇÃO COMPULSÓRIOS

Art. 5º Lei municipal específica para área incluída no plano diretor poderá determinar o parcelamento, a edificação ou a utilização compulsórios do solo urbano não edificado, subutilizado ou não utilizado, devendo fixar as condições e os prazos para implementação da referida obrigação.

§ 1º Considera-se subutilizado o imóvel:

I – cujo aproveitamento seja inferior ao mínimo definido no plano diretor ou em legislação dele decorrente;

II – VETADO.

§ 2º O proprietário será notificado pelo Poder Executivo municipal para o cumprimento da obrigação, devendo a notificação ser averbada no cartório de registro de imóveis.

§ 3º A notificação far-se-á:

I – por funcionário do órgão competente do Poder Público municipal, ao proprietário do imóvel ou, no caso de este ser pessoa jurídica, a quem tenha poderes de gerência geral ou administração;

II – por edital quando frustrada, por três vezes, a tentativa de notificação na forma prevista pelo inciso I.

§ 4º Os prazos a que se refere o *caput* não poderão ser inferiores a:

I – um ano, a partir da notificação, para que seja protocolado o projeto no órgão municipal competente;

II – dois anos, a partir da aprovação do projeto, para iniciar as obras do empreendimento.

§ 5º Em empreendimentos de grande porte, em caráter excepcional, a lei municipal específica a que se refere o *caput* poderá prever a conclusão em etapas, assegurando-se que o projeto aprovado compreenda o empreendimento como um todo.

Art. 6º A transmissão do imóvel, por ato *inter vivos* ou *causa mortis*, posterior à data da notificação, transfere as obrigações de parcelamento, edificação ou utilização previstas no artigo 5º desta Lei, sem interrupção de quaisquer prazos.

Seção III
DO IPTU PROGRESSIVO NO TEMPO

Art. 7º Em caso de descumprimento das condições e dos prazos previstos na forma do *caput* do artigo 5º desta Lei, ou não sendo cumpridas as etapas previstas no § 5º do artigo 5º desta Lei, o Município procederá à aplicação do imposto sobre a propriedade predial e territorial urbana (IPTU) progressivo no tempo, mediante a majoração da alíquota pelo prazo de cinco anos consecutivos.

§ 1º O valor da alíquota a ser aplicado a cada ano será fixado na lei específica a que se refere o *caput* do artigo 5º desta Lei e não excederá a duas vezes o valor referente ao ano anterior, respeitada a alíquota máxima de quinze por cento.

§ 2º Caso a obrigação de parcelar, edificar ou utilizar não esteja atendida em cinco anos, o Município manterá a cobrança pela alíquota máxima, até que se cumpra a referida obrigação, garantida a prerrogativa prevista no artigo 8º.

§ 3º É vedada a concessão de isenções ou de anistia relativas à tributação progressiva de que trata este artigo.

Seção IV
DA DESAPROPRIAÇÃO COM PAGAMENTO EM TÍTULOS

Art. 8º Decorridos cinco anos de cobrança do IPTU progressivo sem que o proprietário tenha cumprido a obrigação de parcelamento, edificação ou utilização, o Município poderá proceder à desapropriação do imóvel, com pagamento em títulos da dívida pública.

§ 1º Os títulos da dívida pública terão prévia aprovação pelo Senado Federal e serão resgatados no prazo de até dez anos, em prestações anuais, iguais e sucessivas, assegurados o valor real da indenização e os juros legais de seis por cento ao ano.

§ 2º O valor real da indenização:

I – refletirá o valor da base de cálculo do IPTU, descontado o montante incorporado em função de obras realizadas pelo Poder Público na área onde o mesmo se localiza após a notificação de que trata o § 2º do artigo 5º desta Lei;

II – não computará expectativas de ganhos, lucros cessantes e juros compensatórios.

§ 3º Os títulos de que trata este artigo não terão poder liberatório para pagamento de tributos.

§ 4º O Município procederá ao adequado aproveitamento do imóvel no prazo máximo de cinco anos, contado a partir da sua incorporação ao patrimônio público.

§ 5º O aproveitamento do imóvel poderá ser efetivado diretamente pelo Poder Público ou por meio de alienação ou concessão a terceiros, observando-se, nesses casos, o devido procedimento licitatório.

§ 6º Ficam mantidas para o adquirente de imóvel nos termos do § 5º as mesmas obrigações de parcelamento, edificação ou utilização previstas no artigo 5º desta Lei.

Seção V
DA USUCAPIÃO ESPECIAL DE IMÓVEL URBANO

Art. 9º Aquele que possuir como sua área ou edificação urbana de até duzentos e cinquenta metros quadrados, por cinco anos, ininterruptamente e sem oposição, utilizando-a para sua moradia ou de sua família, adquirir-lhe-á o domínio, desde que não seja proprietário de outro imóvel urbano ou rural.

§ 1º O título de domínio será conferido ao homem ou à mulher, ou a ambos, independentemente do estado civil.

§ 2º O direito de que trata este artigo não será reconhecido ao mesmo possuidor mais de uma vez.

§ 3º Para os efeitos deste artigo, o herdeiro legítimo continua, de pleno direito, a posse de seu antecessor, desde que já resida no imóvel por ocasião da abertura da sucessão.

Art. 10. Os núcleos urbanos informais existentes sem oposição há mais de cinco anos e cuja área total dividida pelo número de possuidores seja inferior a duzentos e cinquenta metros quadrados por possuidor são suscetíveis de serem usucapidos coletivamente, desde que os possuidores não sejam proprietários de outro imóvel urbano ou rural.

- *Caput* com a redação dada pela Lei nº 13.465, de 11-7-2017.

§ 1º O possuidor pode, para o fim de contar o prazo exigido por este artigo, acrescentar sua posse à de seu antecessor, contanto que ambas sejam contínuas.

§ 2º A usucapião especial coletiva de imóvel urbano será declarada pelo juiz, mediante sentença, a qual servirá de título para registro no cartório de registro de imóveis.

§ 3º Na sentença, o juiz atribuirá igual fração ideal de terreno a cada possuidor, independentemente da dimensão do terreno que cada um ocupe, salvo hipótese de acordo escrito entre os condôminos, estabelecendo frações ideais diferenciadas.

§ 4º O condomínio especial constituído é indivisível, não sendo passível de extinção, salvo deliberação favorável tomada por, no mínimo, dois terços dos condôminos, no caso de execução de urbanização posterior à constituição do condomínio.

§ 5º As deliberações relativas à administração do condomínio especial serão tomadas por maioria de votos dos condôminos presentes, obrigando também os demais, discordantes ou ausentes.

Art. 11. Na pendência da ação de usucapião especial urbana, ficarão sobrestadas quaisquer outras ações, petitórias ou possessórias, que venham a ser propostas relativamente ao imóvel usucapiendo.

Art. 12. São partes legítimas para a propositura da ação de usucapião especial urbana:

I – o possuidor, isoladamente ou em litisconsórcio originário ou superveniente;

II – os possuidores, em estado de composse;

III – como substituto processual, a associação de moradores da comunidade, regularmente constituída, com personalidade jurídica, desde que explicitamente autorizada pelos representados.

§ 1º Na ação de usucapião especial urbana é obrigatória a intervenção do Ministério Público.

§ 2º O autor terá os benefícios da justiça e da assistência judiciária gratuita, inclusive perante o cartório de registro de imóveis.

Art. 13. A usucapião especial de imóvel urbano poderá ser invocada como matéria de defesa, valendo a sentença que a reconhecer como título para registro no cartório de registro de imóveis.

Art. 14. Na ação judicial de usucapião especial de imóvel urbano, o rito processual a ser observado é o sumário.

Seção VI
DA CONCESSÃO DE USO ESPECIAL PARA FINS DE MORADIA

Arts. 15 a 20. VETADOS.

Seção VII
DO DIREITO DE SUPERFÍCIE

Art. 21. O proprietário urbano poderá conceder a outrem o direito de superfície do seu terreno, por tempo determinado ou indeterminado, mediante escritura pública registrada no cartório de registro de imóveis.

§ 1º O direito de superfície abrange o direito de utilizar o solo, o subsolo ou o espaço aéreo relativo ao terreno, na forma estabelecida no contrato respectivo, atendida a legislação urbanística.

§ 2º A concessão do direito de superfície poderá ser gratuita ou onerosa.

§ 3º O superficiário responderá integralmente pelos encargos e tributos que incidirem sobre a propriedade superficiária, arcando, ainda, proporcionalmente à sua parcela de ocupação efetiva, com os encargos e tributos sobre a área objeto da concessão do direito de superfície, salvo disposição em contrário do contrato respectivo.

§ 4º O direito de superfície pode ser transferido a terceiros, obedecidos os termos do contrato respectivo.

§ 5º Por morte do superficiário, os seus direitos transmitem-se a seus herdeiros.

Art. 22. Em caso de alienação do terreno, ou do direito de superfície, o superficiário e o proprietário, respectivamente, terão direito de preferência, em igualdade de condições à oferta de terceiros.

Art. 23. Extingue-se o direito de superfície:

I – pelo advento do termo;

II – pelo descumprimento das obrigações contratuais assumidas pelo superficiário.

Art. 24. Extinto o direito de superfície, o proprietário recuperará o pleno domínio do terreno, bem como das acessões e benfeitorias introduzidas no imóvel, independentemente de indenização, se as partes não houverem estipulado o contrário no respectivo contrato.

§ 1º Antes do termo final do contrato, extinguir-se-á o direito de superfície se o superficiário der ao terreno destinação diversa daquela para a qual for concedida.

§ 2º A extinção do direito de superfície será averbada no cartório de registro de imóveis.

Seção VIII
DO DIREITO DE PREEMPÇÃO

Art. 25. O direito de preempção confere ao Poder Público municipal preferência para aquisição de imóvel urbano objeto de alienação onerosa entre particulares.

§ 1º Lei municipal, baseada no plano diretor, delimitará as áreas em que incidirá o direito de preempção e fixará prazo de vigência, não superior a cinco anos, renovável a partir de um ano após o decurso do prazo inicial de vigência.

§ 2º O direito de preempção fica assegurado durante o prazo de vigência fixado na forma do § 1º, independentemente do número de alienações referentes ao mesmo imóvel.

Art. 26. O direito de preempção será exercido sempre que o Poder Público necessitar de áreas para:

I – regularização fundiária;

II – execução de programas e projetos habitacionais de interesse social;

III – constituição de reserva fundiária;

IV – ordenamento e direcionamento da expansão urbana;

V – implantação de equipamentos urbanos e comunitários;

VI – criação de espaços públicos de lazer e áreas verdes;

VII – criação de unidades de conservação ou proteção de outras áreas de interesse ambiental;

VIII – proteção de áreas de interesse histórico, cultural ou paisagístico;

IX – VETADO.

Parágrafo único. A lei municipal prevista no § 1º do artigo 25 desta Lei deverá enquadrar cada área em que incidirá o direito de preempção em uma ou mais das finalidades enumeradas por este artigo.

Art. 27. O proprietário deverá notificar sua intenção de alienar o imóvel, para que o Município, no prazo máximo de trinta dias, manifeste por escrito seu interesse em comprá-lo.

§ 1º À notificação mencionada no *caput* será anexada proposta de compra assinada por terceiro interessado na aquisição do imóvel, da qual constarão preço, condições de pagamento e prazo de validade.

§ 2º O Município fará publicar, em órgão oficial e em pelo menos um jornal local ou regional de grande circulação, edital de aviso da notificação recebida nos termos do *caput* e da intenção de aquisição do imóvel nas condições da proposta apresentada.

§ 3º Transcorrido o prazo mencionado no *caput* sem manifestação, fica o proprietário autorizado a realizar a alienação para terceiros, nas condições da proposta apresentada.

§ 4º Concretizada a venda a terceiro, o proprietário fica obrigado a apresentar ao Município, no prazo de trinta dias, cópia do instrumento público de alienação do imóvel.

§ 5º A alienação processada em condições diversas da proposta apresentada é nula de pleno direito.

§ 6º Ocorrida a hipótese prevista no § 5º o Município poderá adquirir o imóvel pelo valor da base de cálculo do IPTU ou pelo valor indicado na proposta apresentada, se este for inferior àquele.

Seção IX
DA OUTORGA ONEROSA DO DIREITO DE CONSTRUIR

Art. 28. O plano diretor poderá fixar áreas nas quais o direito de construir poderá ser exercido acima do coeficiente de aproveitamento básico adotado, mediante contrapartida a ser prestada pelo beneficiário.

§ 1º Para os efeitos desta Lei, coeficiente de aproveitamento é a relação entre a área edificável e a área do terreno.

§ 2º O plano diretor poderá fixar coeficiente de aproveitamento básico único para toda a zona urbana ou diferenciado para áreas específicas dentro da zona urbana.

§ 3º O plano diretor definirá os limites máximos a serem atingidos pelos coeficientes de aproveitamento, considerando a proporcionalidade entre a infraestrutura existente e o aumento de densidade esperado em cada área.

Art. 29. O plano diretor poderá fixar áreas nas quais poderá ser permitida alteração de uso do solo, mediante contrapartida a ser prestada pelo beneficiário.

Art. 30. Lei municipal específica estabelecerá as condições a serem observadas para a outorga onerosa do direito de construir e de alteração de uso, determinando:

I – a fórmula de cálculo para a cobrança;

II – os casos passíveis de isenção do pagamento da outorga;

III – a contrapartida do beneficiário.

Art. 31. Os recursos auferidos com a adoção da outorga onerosa do direito de construir e de alteração de uso serão aplicados com as finalidades previstas nos incisos I a IX do artigo 26 desta Lei.

Seção X
DAS OPERAÇÕES URBANAS CONSORCIADAS

Art. 32. Lei municipal específica, baseada no plano diretor, poderá delimitar área para aplicação de operações consorciadas.

§ 1º Considera-se operação urbana consorciada o conjunto de intervenções e medidas coordenadas pelo Poder Público municipal, com a participação dos proprietários, moradores, usuários permanentes e investidores privados, com o objetivo de alcançar em uma área transformações urbanísticas estruturais, melhorias sociais e a valorização ambiental.

§ 2º Poderão ser previstas nas operações urbanas consorciadas, entre outras medidas:

I – a modificação de índices e características de parcelamento, uso e ocupação do solo e subsolo, bem como alterações das normas edilícias, considerado o impacto ambiental delas decorrente;

II – a regularização de construções, reformas ou ampliações executadas em desacordo com a legislação vigente;

III – a concessão de incentivos a operações urbanas que utilizam tecnologias visando a redução de impactos ambientais, e que comprovem a utilização, nas construções e uso de edificações urbanas, de tecnologias que reduzam os impactos ambientais e economizem recursos naturais, especificadas as modalidades de *design* e de obras a serem contempladas.

- **Inciso III acrescido pela Lei nº 12.836, de 2-7-2013.**

Art. 33. Da lei específica que aprovar a operação urbana consorciada constará o plano de operação urbana consorciada, contendo, no mínimo:

I – definição da área a ser atingida;

II – programa básico de ocupação da área;

III – programa de atendimento econômico e social para a população diretamente afetada pela operação;

IV – finalidades da operação;

V – estudo prévio de impacto de vizinhança;

VI – contrapartida a ser exigida dos proprietários, usuários permanentes e investidores privados em função da utilização dos benefícios previstos nos incisos I, II e III do § 2º do art. 32 desta Lei;

- **Inciso VI com a redação dada pela Lei nº 12.836, de 2-7-2013.**

VII – forma de controle da operação, obrigatoriamente compartilhado com representação da sociedade civil;

VIII – natureza dos incentivos a serem concedidos aos proprietários, usuários permanentes e investidores privados, uma vez atendido o disposto no inciso III do § 2º do art. 32 desta Lei.

- **Inciso VIII acrescido pela Lei nº 12.836, de 2-7-2013.**

§ 1º Os recursos obtidos pelo Poder Público municipal na forma do inciso VI deste artigo serão aplicados exclusivamente na própria operação urbana consorciada.

§ 2º A partir da aprovação da lei específica de que trata o *caput*, são nulas as licenças e autorizações a cargo do Poder Público municipal expedidas em desacordo com o plano de operação urbana consorciada.

Art. 34. A lei específica que aprovar a operação urbana consorciada poderá prever a emissão pelo Município de quantidade determinada de certificados de potencial adicional de construção, que serão alienados em leilão ou utilizados diretamente no pagamento das obras necessárias à própria operação.

§ 1º Os certificados de potencial adicional de construção serão livremente negociados, mas conversíveis em direito de construir unicamente na área objeto da operação.

§ 2º Apresentado pedido de licença para construir, o certificado de potencial adicional será utilizado no pagamento da área de construção que supere os padrões estabelecidos pela legislação de uso e ocupação do solo, até o limite fixado pela lei específica que aprovar a operação urbana consorciada.

Art. 34-A. Nas regiões metropolitanas ou nas aglomerações urbanas instituídas por lei complementar estadual, poderão ser realizadas operações urbanas consorciadas interfederativas, aprovadas por leis estaduais específicas.

Parágrafo único. As disposições dos arts. 32 a 34 desta Lei aplicam-se às operações urbanas consorciadas interfederativas previstas no *caput* deste artigo, no que couber.

- Art. 34-A acrescido pela Lei nº 13.089, de 12-1-2015.

Seção XI
DA TRANSFERÊNCIA DO DIREITO DE CONSTRUIR

Art. 35. Lei municipal, baseada no plano diretor, poderá autorizar o proprietário de imóvel urbano, privado ou público, a exercer em outro local, ou alienar, mediante escritura pública, o direito de construir previsto no plano diretor ou em legislação urbanística dele decorrente, quando o referido imóvel for considerado necessário para fins de:

I – implantação de equipamentos urbanos e comunitários;

II – preservação, quando o imóvel for considerado de interesse histórico, ambiental, paisagístico, social ou cultural;

III – servir a programas de regularização fundiária, urbanização de áreas ocupadas por população de baixa renda e habitação de interesse social.

§ 1º A mesma faculdade poderá ser concedida ao proprietário que doar ao Poder Público seu imóvel, ou parte dele, para os fins previstos nos incisos I a III do *caput*.

§ 2º A lei municipal referida no *caput* estabelecerá as condições relativas à aplicação da transferência do direito de construir.

Seção XII
DO ESTUDO DE IMPACTO DE VIZINHANÇA

Art. 36. Lei municipal definirá os empreendimentos e atividades privados ou públicos em área urbana que dependerão de elaboração de estudo prévio de impacto de vizinhança (EIV) para obter as licenças ou autorizações de construção, ampliação ou funcionamento a cargo do Poder Público municipal.

Art. 37. O EIV será executado de forma a contemplar os efeitos positivos e negativos do empreendimento ou atividade quanto à qualidade de vida da população residente na área e suas proximidades, incluindo a análise, no mínimo, das seguintes questões:

I – adensamento populacional;

II – equipamentos urbanos e comunitários;

III – uso e ocupação do solo;

IV – valorização imobiliária;

V – geração de tráfego e demanda por transporte público;

VI – ventilação e iluminação;

VII – paisagem urbana e patrimônio natural e cultural.

Parágrafo único. Dar-se-á publicidade aos documentos integrantes do EIV, que ficarão disponíveis para consulta, no órgão competente do Poder Público municipal, por qualquer interessado.

Art. 38. A elaboração do EIV não substitui a elaboração e a aprovação de estudo prévio de impacto ambiental (EIA), requeridas nos termos da legislação ambiental.

CAPÍTULO III
DO PLANO DIRETOR

Art. 39. A propriedade urbana cumpre sua função social quando atende às exigências fundamentais de ordenação da cidade expressas no plano diretor, assegurando o atendimento das necessidades dos cidadãos quanto à qualidade de vida, à justiça social e ao desenvolvimento das atividades econômicas, respeitadas as diretrizes previstas no artigo 2º desta Lei.

Art. 40. O plano diretor, aprovado por lei municipal, é o instrumento básico da política de desenvolvimento e expansão urbana.

§ 1º O plano diretor é parte integrante do processo de planejamento municipal, devendo o plano plurianual, as diretrizes orçamentárias e o orçamento anual incorporar as diretrizes e as prioridades nele contidas.

§ 2º O plano diretor deverá englobar o território do Município como um todo.

§ 3º A lei que instituir o plano diretor deverá ser revista, pelo menos, a cada dez anos.

§ 4º No processo de elaboração do plano diretor e na fiscalização de sua implementação, os Poderes Legislativo e Executivo municipais garantirão:

I – a promoção de audiências públicas e debates com a participação da população e de associações representativas dos vários segmentos da comunidade;

II – a publicidade quanto aos documentos e informações produzidos;

III – o acesso de qualquer interessado aos documentos e informações produzidos.

§ 5º VETADO.

Art. 41. O plano diretor é obrigatório para cidades:

I – com mais de vinte mil habitantes;

II – integrantes de regiões metropolitanas e aglomerações urbanas;

III – onde o Poder Público municipal pretenda utilizar os instrumentos previstos no § 4º do artigo 182 da Constituição Federal;

IV – integrantes de áreas de especial interesse turístico;

V – inseridas na área de influência de empreendimentos ou atividades com significativo impacto ambiental de âmbito regional ou nacional;

VI – incluídas no cadastro nacional de Municípios com áreas suscetíveis à ocorrência de deslizamentos de grande impacto, inundações bruscas ou processos geológicos ou hidrológicos correlatos.

- Inciso VI acrescido pela Lei nº 12.608, de 10-4-2012.

§ 1º No caso da realização de empreendimentos ou atividades enquadrados no inciso V do *caput*, os recursos técnicos e financeiros para a elaboração do plano diretor estarão inseridos entre as medidas de compensação adotadas.

§ 2º No caso de cidades com mais de quinhentos mil habitantes, deverá ser elaborado um plano de transporte urbano integrado, compatível com o plano diretor ou nele inserido.

§ 3º As cidades de que trata o *caput* deste artigo devem elaborar plano de rotas acessíveis, compatível com o plano diretor no qual está inserido, que disponha sobre os passeios públicos a serem implantados ou reformados pelo poder público, com vistas a garantir acessibilidade da pessoa com deficiência ou com mobilidade reduzida a todas as rotas e vias existentes, inclusive as que concentrem os focos geradores de maior circulação de pedestres, como os órgãos públicos e os locais de prestação de serviços públicos e privados de saúde, educação, assistência social, esporte, cultura, correios e telégrafos, bancos, entre outros, sempre que possível de maneira integrada com os sistemas de transporte coletivo de passageiros.

- **§ 3º acrescido pela Lei nº 13.146, de 6-7-2015.**

Art. 42. O plano diretor deverá conter no mínimo:

I – a delimitação das áreas urbanas onde poderá ser aplicado o parcelamento, edificação ou utilização compulsórios, considerando a existência de infraestrutura e de demanda para utilização, na forma do art. 5º desta Lei;

II – disposições requeridas pelos artigos 25, 28, 29, 32 e 35 desta Lei;

III – sistema de acompanhamento e controle.

Art. 42-A. Além do conteúdo previsto no art. 42, o plano diretor dos Municípios incluídos no cadastro nacional de municípios com áreas suscetíveis à ocorrência de deslizamentos de grande impacto, inundações bruscas ou processos geológicos ou hidrológicos correlatos deverá conter:

- ***Caput*** **com a redação dada pela Lei nº 12.608, de 10-4-2012.**

I – parâmetros de parcelamento, uso e ocupação do solo, de modo a promover a diversidade de usos e a contribuir para a geração de emprego e renda;

II – mapeamento contendo as áreas suscetíveis à ocorrência de deslizamentos de grande impacto, inundações bruscas ou processos geológicos ou hidrológicos correlatos;

III – planejamento de ações de intervenção preventiva e realocação de população de áreas de risco de desastre;

IV – medidas de drenagem urbana necessárias à prevenção e à mitigação de impactos de desastres; e

V – diretrizes para a regularização fundiária de assentamentos urbanos irregulares, se houver, observadas a Lei nº 11.977, de 7 de julho de 2009, e demais normas federais e estaduais pertinentes, e previsão de áreas para habitação de interesse social por meio da demarcação de zonas especiais de interesse social e de outros instrumentos de política urbana, onde o uso habitacional for permitido;

- **Incisos I a V com a redação dada pela Lei nº 12.608, de 10-4-2012.**

VI – identificação e diretrizes para a preservação e ocupação das áreas verdes municipais, quando for o caso, com vistas à redução da impermeabilização das cidades.

- **Inciso VI acrescido pela Lei nº 12.983, de 2-6-2014.**

§ 1º A identificação e o mapeamento de áreas de risco levarão em conta as cartas geotécnicas.

§ 2º O conteúdo do plano diretor deverá ser compatível com as disposições insertas nos planos de recursos hídricos, formulados consoante a Lei nº 9.433, de 8 de janeiro de 1997.

§ 3º Os Municípios adequarão o plano diretor às disposições deste artigo, por ocasião de sua revisão, observados os prazos legais.

§ 4º Os Municípios enquadrados no inciso VI do art. 41 desta Lei e que não tenham plano diretor aprovado terão o prazo de 5 (cinco) anos para o seu encaminhamento para aprovação pela Câmara Municipal.

- **§§ 1º a 4º com a redação dada pela Lei nº 12.608, de 10-4-2012.**

Art. 42-B. Os Municípios que pretendam ampliar o seu perímetro urbano após a data de publicação desta Lei deverão elaborar projeto específico que contenha, no mínimo:

I – demarcação do novo perímetro urbano;

II – delimitação dos trechos com restrições à urbanização e dos trechos sujeitos a controle especial em função de ameaça de desastres naturais;

III – definição de diretrizes específicas e de áreas que serão utilizadas para infraestrutura, sistema viário, equipamentos e instalações públicas, urbanas e sociais;

IV – definição de parâmetros de parcelamento, uso e ocupação do solo, de modo a promover a diversidade de usos e contribuir para a geração de emprego e renda;

V – a previsão de áreas para habitação de interesse social por meio da demarcação de zonas especiais de interesse social e de outros instrumentos de política urbana, quando o uso habitacional for permitido;

VI – definição de diretrizes e instrumentos específicos para proteção ambiental e do patrimônio histórico e cultural; e

VII – definição de mecanismos para garantir a justa distribuição dos ônus e benefícios decorrentes do processo de urbanização do território de expansão urbana e a recuperação para a coletividade da valorização imobiliária resultante da ação do poder público.

§ 1º O projeto específico de que trata o *caput* deste artigo deverá ser instituído por lei municipal e atender às diretrizes do plano diretor, quando houver.

§ 2º Quando o plano diretor contemplar as exigências estabelecidas no *caput*, o Município ficará dispensado da elaboração do projeto específico de que trata o *caput* deste artigo.

§ 3º A aprovação de projetos de parcelamento do solo no novo perímetro urbano ficará condicionada à existência do projeto específico e deverá obedecer às suas disposições.

- **Art. 42-B acrescido pela Lei nº 12.608, de 10-4-2012.**

CAPÍTULO IV

DA GESTÃO DEMOCRÁTICA DA CIDADE

Art. 43. Para garantir a gestão democrática da cidade, deverão ser utilizados, entre outros, os seguintes instrumentos:

I – órgãos colegiados de política urbana, nos níveis nacional, estadual e municipal;

II – debates, audiências e consultas públicas;

III – conferências sobre assuntos de interesse urbano, nos níveis nacional, estadual e municipal;

IV – iniciativa popular de projeto de lei e de planos, programas e projetos de desenvolvimento urbano;

V – VETADO.

Art. 44. No âmbito municipal, a gestão orçamentária participativa de que trata a alínea *f* do inciso III do artigo 4º desta Lei incluirá a realização de debates, audiências e consultas públicas sobre as propostas do plano plurianual, da lei de diretrizes orçamentárias e do orçamento anual, como condição obrigatória para sua aprovação pela Câmara Municipal.

Art. 45. Os organismos gestores das regiões metropolitanas e aglomerações urbanas incluirão obrigatória e significativa participação da população e de associações representativas dos vários segmentos da comunidade, de modo a garantir o controle direto de suas atividades e o pleno exercício da cidadania.

CAPÍTULO V
DISPOSIÇÕES GERAIS

Art. 46. O poder público municipal poderá facultar ao proprietário da área atingida pela obrigação de que trata o *caput* do art. 5º desta Lei, ou objeto de regularização fundiária urbana para fins de regularização fundiária, o estabelecimento de consórcio imobiliário como forma de viabilização financeira do aproveitamento do imóvel.

§ 1º Considera-se consórcio imobiliário a forma de viabilização de planos de urbanização, de regularização fundiária ou de reforma, conservação ou construção de edificação por meio da qual o proprietário transfere ao poder público municipal seu imóvel e, após a realização das obras, recebe, como pagamento, unidades imobiliárias devidamente urbanizadas ou edificadas, ficando as demais unidades incorporadas ao patrimônio público.

§ 2º O valor das unidades imobiliárias a serem entregues ao proprietário será correspondente ao valor do imóvel antes da execução das obras.

§ 3º A instauração do consórcio imobiliário por proprietários que tenham dado causa à formação de núcleos urbanos informais, ou por seus sucessores, não os eximirá das responsabilidades administrativa, civil ou criminal.

- **Art. 46 com a redação dada pela Lei nº 13.465, de 11-7-2017.**

Art. 47. Os tributos sobre imóveis urbanos, assim como as tarifas relativas a serviços públicos urbanos, serão diferenciados em função do interesse social.

Art. 48. Nos casos de programas e projetos habitacionais de interesse social, desenvolvidos por órgãos ou entidades da Administração Pública com atuação específica nessa área, os contratos de concessão de direito real de uso de imóveis públicos:

I – terão, para todos os fins de direito, caráter de escritura pública, não se aplicando o disposto no inciso II do artigo 134 do Código Civil;

- **Refere-se ao CC/1916. Art. 108 do CC.**

II – constituirão título de aceitação obrigatória em garantia de contratos de financiamentos habitacionais.

Art. 49. Os Estados e Municípios terão o prazo de noventa dias, a partir da entrada em vigor desta Lei, para fixar prazos, por lei, para a expedição de diretrizes de empreendimentos urbanísticos, aprovação de projetos de parcelamento e de edificação, realização de vistorias e expedição de termo de verificação e conclusão de obras.

Parágrafo único. Não sendo cumprida a determinação do *caput*, fica estabelecido o prazo de sessenta dias para a realização de cada um dos referidos atos administrativos, que valerá até que os Estados e Municípios disponham em lei de forma diversa.

Art. 50. Os Municípios que estejam enquadrados na obrigação prevista nos incisos I e II do *caput* do art. 41 desta Lei e que não tenham plano diretor aprovado na data de entrada em vigor desta Lei deverão aprová-lo até 30 de junho de 2008.

- **Artigo com a redação dada pela Lei nº 11.673, de 8-5-2008.**

Art. 51. Para os efeitos desta Lei, aplicam-se ao Distrito Federal e ao Governador do Distrito Federal as disposições relativas, respectivamente, a Município e a Prefeito.

Art. 52. Sem prejuízo da punição de outros agentes públicos envolvidos e da aplicação de outras sanções cabíveis, o Prefeito incorre em improbidade administrativa, nos termos da Lei nº 8.429, de 2 de junho de 1992, quando:

I – VETADO;

II – deixar de proceder, no prazo de cinco anos, o adequado aproveitamento do imóvel incorporado ao patrimônio público, conforme o disposto no § 4º do artigo 8º desta Lei;

III – utilizar áreas obtidas por meio do direito de preempção em desacordo com o disposto no artigo 26 desta Lei;

IV – aplicar os recursos auferidos com a outorga onerosa do direito de construir e de alteração de uso em desacordo com o previsto no artigo 31 desta Lei;

V – aplicar os recursos auferidos com operações consorciadas em desacordo com o previsto no § 1º do artigo 33 desta Lei;

VI – impedir ou deixar de garantir os requisitos contidos nos incisos I a III do § 4º do artigo 40 desta Lei;

VII – deixar de tomar as providências necessárias para garantir a observância do disposto no § 3º do artigo 40 e no artigo 50 desta Lei;

VIII – adquirir imóvel objeto de direito de preempção, nos termos dos artigos 25 a 27 desta Lei, pelo valor da proposta apresentada, se este for, comprovadamente, superior ao de mercado.

Art. 53. *Revogado.* MP nº 2.180-35, de 24-8-2001.

Art. 54. O artigo 4º da Lei nº 7.347, de 1985, passa a vigorar com a seguinte redação:

- **Alteração inserida no texto da referida Lei.**

Art. 55. O artigo 167, inciso I, item 28, da Lei nº 6.015, de 31 de dezembro de 1973, alterado pela Lei nº 6.216, de 30 de junho de 1975, passa a vigorar com a seguinte redação:

- **Alteração inserida no texto da referida Lei.**

Art. 56. O artigo 167, inciso I, da Lei nº 6.015, de 1973, passa a vigorar acrescido dos seguintes itens 37, 38 e 39:

- **Alterações inseridas no texto da referida Lei.**

Art. 57. O artigo 167, inciso II, da Lei nº 6.015, de 1973, passa a vigorar acrescido dos seguintes itens 18, 19 e 20:

- **Alterações inseridas no texto da referida Lei.**

Art. 57-A. A operadora ferroviária, inclusive metroferroviária, poderá constituir o direito real de laje de que trata a Lei nº 10.406, de 10 de janeiro de 2002 (Código Civil) e o de superfície de que trata esta Lei, sobre ou sob a faixa de domínio de sua via férrea, observado o plano diretor e o respectivo contrato de outorga com o poder concedente.

Parágrafo único. A constituição do direito real de laje ou de superfície a que se refere o *caput* deste artigo é condicionada à existência prévia de licenciamento urbanístico municipal, que estabelecerá os ônus urbanísticos a serem observados e o direito de construir incorporado a cada unidade imobiliária.

- Art. 57-A com a redação dada pela Lei nº 14.273, de 23-12-2021.

Art. 58. Esta Lei entra em vigor após decorridos noventa dias de sua publicação.

Brasília, 10 de julho de 2001;
180º da Independência e
113º da República.
Fernando Henrique Cardoso

LEI Nº 10.671/2003 (ESTATUTO DE DEFESA DO TORCEDOR)
PÁGINA(S): 1024 A 1031
INSTR.: EXCLUIR REDAÇÃO

Revogada. Lei nº 14.597, de 14-6-2023.

LEI Nº 10.741/2003 (ESTATUTO DA PESSOA IDOSA)
PÁGINA(S): 1034 E 1036
INSTR.: ALTERAR/INSERIR NOTAS

Art. 33. ....

- Artigo com a redação dada pela Lei nº 14.423, de 22-7-2022.

Art. 34. ....

- *Caput* com a redação dada pela Lei nº 14.423, de 22-7-2022.

....

Art. 48. ....

- *Caput* do art. 48 com a redação dada pela Lei nº 14.423, de 22-7-2022.

Parágrafo único. ....

- *Caput* do parágrafo único com a redação dada pela Lei nº 14.423, de 22-7-2022.

LEI Nº 10.048/2000
PÁGINA(S): 1088
INSTR.: ALTERAR/INSERIR REDAÇÃO/INSERIR NOTA

Art. 1º As pessoas com deficiência, as pessoas com transtorno do espectro autista, as pessoas idosas com idade igual ou superior a 60 (sessenta) anos, as gestantes, as lactantes, as pessoas com criança de colo, os obesos, as pessoas com mobilidade reduzida e os doadores de sangue terão atendimento prioritário, nos termos desta Lei.

- *Caput* com a redação dada pela Lei nº 14.626, de 19-7-2023.

§ 1º ....

- Parágrafo único transformado em § 1º pela Lei nº 14.626, de 19-7-2023.

§ 2º Os doadores de sangue terão direito a atendimento prioritário após todos os demais beneficiados no rol constante do *caput* deste artigo, mediante apresentação de comprovante de doação, com validade de 120 (cento e vinte) dias.

§ 3º O atendimento prioritário poderá ser realizado mediante discriminação de postos, caixas, guichês, linhas ou atendentes específicos para esse fim.

§ 4º Caso não haja postos, caixas, guichês, linhas ou atendentes específicos para a realização do atendimento prioritário, as pessoas referidas no *caput* deste artigo deverão ser atendidas imediatamente após a conclusão do atendimento que estiver em andamento, antes de quaisquer outras pessoas.

- §§ 2º a 4º acrescidos pela Lei nº 14.626, de 19-7-2023.

....

Art. 3º As empresas públicas de transporte e as concessionárias de transporte coletivo reservarão assentos, devidamente identificados, às pessoas com deficiência, às pessoas com transtorno do espectro autista, às pessoas idosas, às gestantes, às lactantes, às pessoas com criança de colo e às pessoas com mobilidade reduzida.

- Artigo com a redação dada pela Lei nº 14.626, de 19-7-2023.

LEI Nº 12.965/2014 (MARCO CIVIL DA INTERNET)
PÁGINA(S): 1210
INSTR.: INSERIR NOTA

Art. 11.

- O STF, por maioria, julgou procedente a ADC nº 51, declarando a constitucionalidade deste artigo (*DOU* de 28-4-2023).

LEI Nº 13.146/2015 (ESTATUTO DA PESSOA COM DEFICIÊNCIA)
PÁGINA(S): 1214
INSTR.: INSERIR REDAÇÃO/NOTA

Art. 2º ....

....

Art. 2º-A. É instituído o cordão de fita com desenhos de girassóis como símbolo nacional de identificação de pessoas com deficiências ocultas.

§ 1º O uso do símbolo de que trata o *caput* deste artigo é opcional, e sua ausência não prejudica o exercício de direitos e garantias previstos em lei.

§ 2º A utilização do símbolo de que trata o *caput* deste artigo não dispensa a apresentação de documento comprobatório da deficiência, caso seja solicitado pelo atendente ou pela autoridade competente.

- Art. 2º-A acrescido pela Lei nº 14.624, de 17-7-2023.

LEI Nº 13.465/2017
PÁGINA(S): 1276, 1278 E 1279
INSTR.: ALTERAR/INSERIR REDAÇÃO/INSERIR NOTA

Art. 30. ....

....

§ 4º Para as terras de sua propriedade, os órgãos da administração direta e as entidades da administração indireta da União, dos Estados, do Distrito Federal e dos Municípios ficam autorizados a instaurar, processar e aprovar a REURB-S ou a REURB-E e a utilizar os demais instrumentos previstos nesta Lei.

- § 4º acrescido pela Lei nº 14.620, de 13-7-2023.

Art. 36. ....

....

§ 6º Na hipótese de utilização, pelo poder público, de peças técnicas e projetos de regularização fundiária elaborados por empresas privadas e particulares em geral, será necessária, para a emissão da Certidão de Regularização Fundiária (CRF), a anuência dos autores ou de quem detenha os direitos autorais.

§ 7º As unidades desocupadas e não comercializadas do titular originário do domínio da área alcançadas pela REURB, na forma do inciso I do *caput* deste artigo, poderão ser caucionadas ou averbadas em alienação fiduciária e colocadas em garantia para as obras de infraestrutura essenciais, consignando-se o poder público como beneficiário da garantia estabelecida.

- **§§ 6º e 7º acrescidos pela Lei nº 14.620, de 13-7-2023.**

Art. 37. Na REURB-S, caberá ao poder público competente, diretamente ou por meio da administração pública indireta, implementar a infraestrutura essencial, os equipamentos comunitários e as melhorias habitacionais previstas nos projetos de regularização, assim como arcar com os ônus de sua manutenção, podendo utilizar-se de recursos financeiros públicos e privados.

- ***Caput* com a redação dada pela Lei nº 14.620, de 13-7-2023.**

§ 1º Os projetos e as obras de infraestrutura essencial na REURB-S ou REURB-E, incluindo vias de acesso, iluminação pública, solução de esgotamento sanitário e de drenagem de águas pluviais, ligações domiciliares de abastecimento de água e de energia elétrica e valores despendidos com indenizações aos antigos proprietários, poderão ser financiados com recursos do Sistema Brasileiro de Poupança e Empréstimo (SBPE), do Fundo de Garantia do Tempo de Serviço (FGTS), do Fundo de Arrendamento Residencial (FAR) e do Fundo de Desenvolvimento Social (FDS), bem como por outras fontes de financiamento públicas, privadas ou internacionais.

§ 2º Garantida a previsão de restituição integral dos valores disponibilizados, ficam autorizados a realizar as operações financeiras para as obras de infraestrutura referidas no § 1º os órgãos federais, estaduais e municipais, inclusive sociedades de economia mista, que operem na execução de política habitacional e de infraestruturas conexas.

§ 3º As garantias para as operações financeiras para as obras de infraestrutura e melhorias essenciais para a REURB são as previstas no art. 17 da Lei nº 9.514, de 20 de novembro de 1997, e deverão ser incluídas na Certidão de Regularização Fundiária (CRF).

§ 4º O cálculo dos valores devidos pelos beneficiários da REURB poderá ser realizado adotando-se como critério as áreas dos imóveis regularizados, individualmente considerados.

- **§§ 1º a 4º acrescidos pela Lei nº 14.620, de 13-7-2023.**

Art. 37-A. Fica autorizada a transferência do direito de construir correspondente ao potencial construtivo passível de ser utilizado em outro local, prevista no art. 35 da Lei nº 10.257, de 10 de julho de 2001 (Estatuto da Cidade), para fins de viabilizar a elaboração de projetos, a indenização e a realização das obras de infraestrutura em projetos de REURB-S.

Parágrafo único. As prefeituras poderão receber imóveis para o atendimento das finalidades previstas neste artigo, oferecendo como contrapartida ao proprietário a possibilidade de transferência do potencial construtivo do bem doado ou desapropriado amigavelmente.

- **Art. 37-A acrescido pela Lei nº 14.620, de 13-7-2023.**

....

Art. 44. ....

....

§ 8º O oficial do cartório de registro de imóveis, ao abrir as matrículas individuais decorrentes do projeto de regularização fundiária, deverá, nas matrículas de unidades imobiliárias cujo ocupante não venha a ser informado na lista de beneficiários da CRF, fazer constar o titular originário da matrícula na condição de proprietário anterior, não inserindo esse mesmo proprietário como titular atual da matrícula aberta, mas apenas inserindo, no campo relativo ao proprietário atual, texto informando que o futuro proprietário será oportunamente citado na matrícula quando do envio de listas complementares de beneficiários.

- **§ 8º acrescido pela Lei nº 14.620, de 13-7-2023.**

LEI Nº 13.999/2020 (PROGRAMA NACIONAL DE APOIO ÀS MICROEMPRESAS E EMPRESAS DE PEQUENO PORTE – PRONAMPE)
PÁGINA(S): 1330 E 1332
INSTR.: ALTERAR/INSERIR REDAÇÃO

Art. 2º ....

....

§ 1º-A. Para concessão de crédito no âmbito do PRONAMPE durante o período de janeiro a abril, quando o cronograma de entrega do Imposto sobre a Renda das Pessoas Jurídicas (IRPJ) nos sistemas da Secretaria Especial da Receita Federal do Brasil ainda está em aberto, será permitido às instituições financeiras aceitar a declaração de faturamento dos contratantes do Programa relativa ao ano-calendário imediatamente anterior ao que está sendo entregue à Secretaria Especial da Receita Federal do Brasil no referido período.

- **§ 1º-A acrescido pela Lei nº 14.554, de 20-4-2023.**

....

§ 3º As pessoas a que se refere o *caput* deste artigo que contratarem ou prorrogarem as linhas de crédito no âmbito do PRONAMPE assumirão contratualmente a obrigação de fornecer informações verídicas e de preservar o quantitativo de empregados em número igual ou superior ao verificado no último dia do ano anterior ao da contratação da linha de crédito ou, quando houver, da prorrogação dessa linha, no período compreendido entre a data da contratação e o sexagésimo dia após o recebimento da última parcela da linha de crédito.

- **§ 3º com a redação dada pela Lei nº 14.554, de 20-4-2023.**

....

Art. 3º As instituições financeiras participantes do PRONAMPE poderão formalizar e prorrogar operações de crédito em seu âmbito nos períodos e nas condições estabelecidos em ato do Secretário da Micro e Pequena Empresa e Empreendedorismo do Ministério do Desenvolvimento, Indústria, Comércio e Serviços, observados o prazo tota máximo de 72 (setenta e dois) meses para pagamento das operações e os seguintes parâmetros:

- *Caput* com a redação dada pela Lei nº 14.554, de 20-4-2023.

I – taxa de juros anual máxima igual à taxa do Sistema Especial de Liquidação e de Custódia (SELIC), acrescida de:

- *Caput* com a redação dada pela Lei nº 14.161, de 2-6-2021.

a) 1,25% (um inteiro e vinte e cinco centésimos por cento) sobre o valor concedido, para as operações concedidas até 31 de dezembro de 2020;

b) 6% (seis por cento), no máximo, sobre o valor concedido, para as operações concedidas a partir de 1º de janeiro de 2021;

- Alíneas *a* e *b* acrescidas pela Lei nº 14.161, de 2-6-2021.

II – *Revogado.* Lei nº 14.554, de 20-4-2023;

III – ....;

IV – carência mínima de até 12 (doze) meses para o início do pagamento das parcelas do financiamento.

- Inciso IV acrescido pela Lei nº 14.554, de 20-4-2023.

....

§ 2º *Revogado.* Lei nº 14.554, de 20-4-2023.

....

§ 4º O ato do Secretário da Micro e Pequena Empresa e Empreendedorismo do Ministério do Desenvolvimento, Indústria, Comércio e Serviços de que trata o *caput* deste artigo definirá também a taxa de juros aplicável à linha de crédito concedida no âmbito do PRONAMPE, observado o máximo previsto no inciso I do *caput* deste artigo.

- § 4º com a redação dada pela Lei nº 14.554, de 20-4-2023.

§ 5º ....

- *Caput* do § 5º acrescido pela Lei nº 14.457 de 21-9-2022.

I – ....

- Inciso I acrescido pela Lei nº 14.457 de 21-9-2022.

II – prazo de 72 (setenta e dois) meses para o pagamento.

- Inciso II com a redação dada pela Lei nº 14.554, de 20-4-2023.

§ 6º No prazo total máximo de 72 (setenta e dois) meses para o pagamento das operações, nos termos do *caput* deste artigo, não será considerada a cobrança dos créditos inadimplidos e já honrados pelo FGO no âmbito do PRONAMPE.

- § 6º acrescido dada pela Lei nº 14.554, de 20-4-2023.

LEI Nº 14.382/2022
PÁGINA(S): 1364
INSTR.: INSERIR REDAÇÃO/NOTA

Art. 6º ....

§ 1º ....

....

IV – os extratos eletrônicos relativos a bens imóveis produzidos pelas instituições financeiras que atuem com crédito imobiliário autorizadas a celebrar instrumentos particulares com caráter de escritura pública, bem como os relativos a garantias de crédito rural em cédulas e títulos de crédito do agronegócio, poderão ser apresentados ao registro eletrônico de imóveis, e as referidas instituições financeiras arquivarão o instrumento contratual ou título em pasta própria.

- Inciso IV acrescido pela Lei nº 14.620, de 13-7-2023.

RESOLUÇÃO DO CMN Nº 5.071/2023
PÁGINA(S): 1374
INSTR.: INSERIR REDAÇÃO

RESOLUÇÃO DO CMN Nº 5.071, DE 26 DE ABRIL DE 2023

Dispõe sobre o cheque, as consequências de seu uso indevido e as condições para seu fornecimento ao cliente pelas instituições financeiras.

- Publicada no *DOU* de 28-4-2023.

O Banco Central do Brasil, na forma do art. 9º da Lei nº 4.595, de 31 de dezembro de 1964, torna público que o Conselho Monetário Nacional, em sessão realizada em 20 de abril de 2023, com base nos arts. 4º, inciso VIII, da Lei nº 4.595, de 31 de dezembro de 1964, 17 da Lei nº 5.143, de 20 de outubro de 1966, 69 da Lei nº 7.357, de 2 de setembro de 1985, e 69, parágrafo único, da Lei nº 9.069, de 29 de junho de 1995, resolveu:

CAPÍTULO I
DO OBJETO E DO ÂMBITO DE APLICAÇÃO

Art. 1º Esta Resolução dispõe sobre o cheque, as consequências de seu uso indevido e as condições para seu fornecimento ao cliente pelas instituições financeiras que mantenham contas de depósitos à vista movimentáveis por cheque.

CAPÍTULO II
DA FORMA DO CHEQUE

SEÇÃO I
DO MODELO-PADRÃO

Art. 2º As instituições financeiras que mantenham contas de depósitos à vista movimentáveis por cheque convencionarão entre si modelo-padrão do cheque, que deverá trazer impressas as seguintes informações no anverso, além dos elementos dispostos no art. 1º da Lei nº 7.357, de 2 de setembro de 1985:

I – o nome do titular da conta de depósitos à vista e o respectivo número de inscrição no Cadastro de Pessoas Físicas (CPF) ou no Cadastro Nacional da Pessoa Jurídica (CNPJ);

II – o número, o órgão expedidor e a sigla da Unidade da Federação referentes ao documento utilizado na identificação do titular da conta de depósitos à vista, no caso de pessoas naturais;

III – a expressão "Cliente bancário desde", seguida da data de início de relacionamento do titular da conta de depósitos à vista com instituições financeiras, na forma estabelecida no art. 30;

IV – a data de confecção da folha de cheque, no formato "Confecção: mês/ano";

V – a indicação da quantia a ser paga, em algarismos e por extenso; e

VI – o número-código do banco no serviço de compensação, o código da agência, o número da conta de depósitos do emitente e o número do cheque.

§ 1º Com relação ao disposto nos incisos I a III do *caput*, deve ser observado que:

I – no caso de conta de titularidade de menor ou de incapaz, devem constar, no mínimo, os dados de identificação do responsável que o represente ou assista; e

II – no caso de conta conjunta, devem constar, no mínimo, os dados de identificação de dois titulares, intercalados pelos termos "e" ou "ou", conforme os termos contratuais, e a indicação da eventual existência de outros titulares mediante a utilização dos termos "e outros" ou "ou outros".

§ 2º Podem ser incluídos no modelo-padrão do cheque a expressão «pagável em qualquer agência" e outros elementos operacionais convencionados pelas instituições financeiras que mantenham contas de depósitos à vista movimentáveis por cheque.

§ 3º Com relação ao disposto no inciso I do *caput*, o nome civil pode, a critério do titular da conta de depósitos à vista, ser substituído nas folhas de cheque pelo nome social, caso esteja registrado em documento de identidade legalmente válido.

§ 4º A convenção de que trata o *caput* pode ser negociada por meio de associações representativas, de nível nacional, para adesão e observância de todas as instituições financeiras que mantenham contas de depósitos à vista movimentáveis por cheque.

§ 5º Até a entrada em vigor da convenção de que trata o *caput*, o modelo padrão de cheque continuará a ser regido de acordo com determinações da Resolução nº 885, de 22 de dezembro de 1983.

§ 6º O conteúdo da convenção de que trata o *caput* bem como quaisquer ajustes futuros decorrentes devem ser comunicados ao Banco Central do Brasil com trinta dias de antecedência da sua implementação.

§ 7º O ato que aprovar a convenção referida no *caput*, bem como as alterações posteriores em seu conteúdo, deve conter o termo inicial para o atendimento obrigatório dos seus dispositivos, observado o prazo previsto no § 6º para comunicação prévia ao Banco Central do Brasil.

Art. 3º Na emissão de cheques, fica dispensada a grafia por extenso do valor correspondente aos centavos, desde que:

I – o valor integral seja especificado, em algarismos, no campo próprio da folha de cheque; ou

II – a expressão "e centavos acima" conste da folha de cheque, grafada pelo emitente ou impressa no final do espaço destinado à grafia por extenso de seu valor.

Parágrafo único. A existência da expressão referida no *caput*, inciso II, impressa na folha de cheque, não impede a indicação de seu valor integral por extenso, a critério do emitente, para os efeitos legais aplicáveis.

Art. 4º Os cheques fornecidos por cooperativas de crédito a titulares de contas de depósitos à vista devem indicar claramente a responsabilidade da cooperativa sacada, nos termos desta Resolução e da regulamentação correlata.

Seção II

DA ASSINATURA POR CHANCELA MECÂNICA

Art. 5º A assinatura do emitente, do endossante ou de seus mandatários com poderes especiais pode ser constituída por chancela mecânica ou processo equivalente.

§ 1º A assinatura por chancela mecânica consiste na reprodução exata da assinatura de próprio punho, resguardada por características técnicas, obtida por máquinas especialmente destinadas a esse fim, mediante processo de compressão.

§ 2º A utilização de chancela mecânica em cheques deve ser precedida de acordo entre o emitente ou o endossante e a instituição financeira sacada, na qual se deve:

I – prever regras de segurança;

II – limitar o uso da chancela a cheques fornecidos pela própria instituição financeira, quando se tratar de emissão, ou por outra instituição financeira, quando se tratar de endosso; e

III – admitir cláusula que regule a contratação de seguros dos riscos cabíveis.

§ 3º É requisito indispensável para o emprego da assinatura por chancela mecânica seu prévio registro em ofício de notas do domicílio do usuário da assinatura por chancela mecânica.

§ 4º As instituições financeiras podem usar chancela mecânica em cheques de sua emissão e contra sua própria caixa (cheques administrativos) e na emissão de "cheques de viagem".

CAPÍTULO III

DO USO DE CHEQUES

Seção I

DOS MOTIVOS DE DEVOLUÇÃO DO CHEQUE

Art. 6º As instituições financeiras não podem pagar, mediante compensação ou liquidação financeira, cheque ao portador de valor superior a R$100,00 (cem reais).

Parágrafo único. É permitida a utilização da expressão "ao emitente" para identificar o beneficiário de cheque ao portador de valor superior a R$100,00 (cem reais), desde que:

I – o emitente e o beneficiário sejam a mesma pessoa; e

II – o beneficiário endosse o cheque à instituição financeira sacada, como quitação.

Art. 7º As instituições financeiras e demais entidades autorizadas a funcionar pelo Banco Central do Brasil não podem receber, a título de pagamento, cheque de valor superior a R$100,00 (cem reais), sem identificação do beneficiário.

Art. 8º As instituições financeiras, ao recusarem o pagamento de cheque, devem declarar na cártula o motivo de devolução e a data de apresentação.

§ 1º O Banco Central do Brasil pode estabelecer os motivos de devolução de que trata o *caput*.

§ 2º A Centralizadora da Compensação de Cheques (COMPE) pode detalhar ou criar motivos de devolução de cheque que se refiram a aspectos operacionais, desde que sejam amplamente divulgados pela câmara e pelas instituições participantes aos seus clientes.

Seção II
DA SUSTAÇÃO E DA REVOGAÇÃO

Art. 9º As instituições financeiras devem exigir, para a efetivação de sustação ou revogação de cheque, solicitação formalizada pelo interessado, não cabendo julgamento sobre o mérito ou a relevância do motivo apresentado, conforme dispõem os arts. 35 e 36 da Lei nº 7.357, de 1985.

§ 1º Para a formalização exigida no *caput*, admite-se também o emprego de transação ou comunicação eletrônica, mediante senha ou qualquer procedimento apto à produção de prova para fins legais.

§ 2º Devem ser aceitas solicitações de sustação ou revogação em caráter provisório, mediante qualquer meio de comunicação, observado que a solicitação deve ser confirmada até o encerramento do expediente ao público do segundo dia útil seguinte ao do registro da solicitação, excluído o próprio dia da comunicação, sendo, em caso contrário, considerada inexistente pela instituição financeira.

§ 3º Os cheques devolvidos pelos motivos específicos relativos à sustação ou revogação decorrente de furto, roubo ou extravio não poderão ser objeto de anulação da respectiva sustação ou revogação.

§ 4º A sustação provisória não poderá ser renovada ou repetida em relação a um mesmo cheque.

Seção III
DAS CONSEQUÊNCIAS DO USO INDEVIDO DO CHEQUE

Subseção I
DO CADASTRO DE EMITENTES DE CHEQUES SEM FUNDOS (CCF)

Art. 10. As instituições financeiras sacadas são responsáveis pela inclusão no cadastro de emitentes de cheques sem fundos (CCF) das ocorrências relativas ao emitente que:

I – tiver o mesmo cheque devolvido em duas datas diferentes por falta de fundos;

II – emitir cheque referente a conta de depósitos encerrada; e

III – incidir em prática espúria.

§ 1º Considera-se prática espúria quando:

I – forem apresentados, no mesmo dia, mais de três cheques sem fundos de valor de até R$3,41 (três reais e quarenta e um centavos), referentes à mesma conta de depósitos; ou

II – sejam pagos, em datas diferentes, em razão do "compromisso de pronto acolhimento" de que trata o art. 32, três ou mais cheques sem fundos de valor de até R$3,41 (três reais e quarenta e um centavos) cada.

§ 2º As cooperativas de crédito sacadas são responsáveis pela inclusão de seus cooperados no cadastro de emitentes de cheques sem fundos, independentemente de acordo de compensação interbancária de cheques firmado com outra instituição financeira.

§ 3º O cheque sem fundos e o cheque referente a conta de depósitos à vista encerrada somente podem gerar registro de ocorrência no cadastro de emitentes de cheques sem fundos caso não seja aplicável a devolução por qualquer outro motivo.

§ 4º O prazo para inclusão de ocorrência no cadastro de emitentes de cheques sem fundos é de quinze dias, contados da data de devolução do cheque.

§ 5º A instituição financeira sacada deve manter à disposição do emitente, pelo prazo em que a ocorrência figurar no cadastro de emitentes de cheques sem fundos, cópia do cheque que deu origem à ocorrência, com vistas à comprovação da documentação a ser apresentada para a respectiva exclusão.

Art. 11. O cadastro de emitentes de cheques sem fundos conterá os seguintes dados:

I – nome do emitente do cheque sem fundos;

II – número de inscrição no CPF ou no CNPJ do titular emitente do cheque sem fundos;

III – número-código do banco e da agência que comandou a inclusão;

IV – data de inclusão e de exclusão da ocorrência; e

V – quantidade de ocorrências incluídas no cadastro de emitentes de cheques sem fundos, por emitente, banco e agência.

Art. 12. A inclusão de ocorrência no cadastro de emitentes de cheques sem fundos relativa a cheque emitido por titular de conta conjunta deve ficar restrita ao emitente do cheque.

Art. 13. A instituição financeira sacada deve comunicar por escrito ao emitente a inclusão de seu nome no cadastro de emitentes de cheques sem fundos.

§ 1º Para o envio da comunicação de que trata o *caput* deste artigo, podem ser utilizados canais eletrônicos fornecidos pelo cliente à instituição financeira sacada.

§ 2º A comunicação de que trata o *caput* deste artigo deve ser anterior à inscrição no cadastro de emitentes de cheques sem fundos e informar de maneira clara e objetiva os canais disponíveis para o cancelamento do registro no banco de dados.

Art. 14. As ocorrências serão excluídas do cadastro de emitentes de cheques sem fundos:

I – automaticamente, após decorridos cinco anos da inclusão do cheque sem fundos;

II – a pedido da instituição sacada, ou por iniciativa do próprio executante do serviço de compensação, se comandada a inclusão por erro comprovado, hipótese em que a instituição, tão logo tenha conhecimento do fato, deve comandar a exclusão, sem ônus para o cliente;

III – a qualquer tempo, a pedido do estabelecimento sacado, desde que o cliente comprove o pagamento que deu origem à ocorrência; ou

IV – por determinação do Banco Central do Brasil.

Parágrafo único. Caso indefira o pedido de exclusão de ocorrência do cadastro de emitentes de cheques sem fundos, a instituição financeira sacada deverá comunicar formalmente a decisão ao cliente.

Art. 15. Admite-se como prova do pagamento de cheques, para instruir pedido de exclusão de registro no cadastro de emitentes de cheques sem fundos:

I – o cheque que deu origem à ocorrência;

II – o extrato de conta em que figure o débito relativo ao cheque que deu origem à ocorrência; e

III – a declaração do beneficiário dando quitação ao débito, com firma devidamente reconhecida em cartório ou confirmada pelo banco endossante, acompanhada da cópia do cheque que deu origem à ocorrência, bem como das certidões negativas dos cartórios de protesto relativas ao cheque, em nome do emitente, na impossibilidade de apresentação dos documentos citados nos incisos I e II.

§ 1º A instituição financeira sacada deve examinar e comandar ao executante do serviço de compensação de cheques, no prazo máximo de cinco dias úteis, contados da data da entrega do pedido do cliente, a exclusão do nome do emitente que comprovar o pagamento do cheque que deu origem à ocorrência.

§ 2º A documentação aceita pela instituição financeira sacada como prova de pagamento dos cheques deverá ficar arquivada pelo prazo de cinco anos.

Art. 16. O executante do serviço de compensação de cheques deve exercer as funções de operador e de gestor do cadastro de emitentes de cheques sem fundos.

Subseção II

DAS TARIFAS PELO USO INDEVIDO DO CHEQUE

Art. 17. A inclusão indevida de ocorrência no cadastro de emitentes de cheques sem fundos, bem como a consequente exclusão, não pode gerar cobrança de quaisquer despesas ou tarifas do emitente.

Art. 18. O gestor do cadastro de emitentes de cheques sem fundos cobrará das instituições financeiras sacadas tarifa de serviço no valor de R$6,82 (seis reais e oitenta e dois centavos), por inclusão de cheque sem fundos no cadastro de emitentes de cheques sem fundos.

§ 1º A instituição financeira sacada pode exigir do emitente o ressarcimento do valor pago a título de tarifa de serviço do cadastro de emitentes de cheques sem fundos, por ocasião da:

I – exclusão, quando se tratar de ocorrência incluída na vigência de "compromisso de pronto acolhimento"; ou

II – inclusão, nos demais casos.

§ 2º A revogação do «compromisso de pronto acolhimento» de que trata o art. 32 permite que a instituição financeira sacada exija do emitente o ressarcimento imediato do valor não recolhido em virtude do inciso I do § 1º.

Art. 19. O gestor do cadastro de emitentes de cheques sem fundos disponibilizará acesso gratuito ao banco de dados às instituições financeiras que mantenham contas de depósitos à vista movimentável por cheque.

Art. 20. O gestor do cadastro de emitentes de cheques sem fundos pode firmar convênios com instituições financeiras e entidades privadas de proteção ao crédito, para fornecimento de informações constantes do banco de dados, mediante preço e condições operacionais por eles acordados.

Art. 21. A tarifa de serviço referida no art. 18 reverterá em favor do Fundo Garantidor de Créditos (FGC), destinado à proteção de titulares dos créditos especificados no respectivo estatuto, contra os bancos múltiplos, os bancos comerciais, os bancos de investimento, os bancos de desenvolvimento, a Caixa Econômica Federal, as sociedades de crédito, financiamento e investimento, as sociedades de crédito imobiliário, as companhias hipotecárias e as associações de poupança e empréstimo.

Parágrafo único. Os valores correspondentes à tarifa de serviço referida no art. 18 recolhidos de forma direta ou indireta pelas cooperativas singulares de crédito e pelos bancos cooperativos serão direcionados ao fundo garantidor de créditos de cooperativas de crédito.

Art. 22. Não poderá ser cobrado de interessado cujo nome figure do cadastro de emitentes de cheques sem fundos qualquer valor pela consulta ou pela atualização de informação no banco de dados, exceto quando configurada a hipótese prevista no inciso III do art. 14.

CAPÍTULO IV

DO FORNECIMENTO DE CHEQUE

Art. 23. As instituições financeiras mantenedoras de contas de depósitos à vista devem explicitar a disciplina adotada para o uso do cheque por parte dos titulares das contas, estabelecendo critérios objetivos e transparentes, de natureza operacional, para o fornecimento de folhas de cheque, que contemple as disposições legais e regulamentares sobre a matéria.

§ 1º As regras para o fornecimento de folhas de cheque ao titular da conta de depósitos à vista devem ser estabelecidas com base, entre outros, nos seguintes critérios:

I – saldo suficiente para o pagamento de cheques;

II – restrições cadastrais;

III – histórico de práticas e ocorrências na utilização de cheques;

IV – estoque de folhas de cheque em poder do titular da conta;

V – registro no cadastro de emitentes de cheques sem fundos; e

VI – regularidade dos dados e dos documentos de identificação do titular da conta.

§ 2º As instituições financeiras devem orientar os titulares da conta sobre:

I – a disciplina estabelecida para o uso do cheque;

II – as práticas incompatíveis com a disciplina adotada, bem como com as disposições legais e regulamentares sobre a matéria;

III – as práticas que podem caracterizar abuso do direito de impedir o curso normal dos cheques; e

IV – as cominações legais e regulamentares e as medidas cabíveis, no caso de descumprimento da regulamentação e da disciplina estabelecida.

§ 3º Com vistas à adoção dos procedimentos de que trata este artigo, a instituição financeira deve:

I – adequar seus sistemas de controle e de acompanhamento de contas de depósitos à vista, objetivando monitorar comportamento incompatível com a disciplina estabelecida; e

II – adotar, nos casos considerados incompatíveis com a disciplina estabelecida, as seguintes medidas:

a) orientação;

b) notificação formal;

c) suspensão do fornecimento de folhas de cheque; ou
d) encerramento da conta.

Art. 24. As instituições financeiras devem incluir nos contratos de abertura e manutenção de contas de depósitos à vista movimentáveis por meio de cheques, entre outras, cláusulas prevendo:

I – as regras de natureza operacional para o fornecimento de folhas de cheque;

II – a possibilidade de não fornecimento ou de interrupção do fornecimento de folhas de cheque; e

III – as cominações legais e regulamentares e as medidas de que trata o art. 23.

Art. 25. Os contratos de abertura e manutenção de contas de depósitos à vista movimentáveis por meio de cheques não podem conter cláusulas que impeçam ou estabeleçam procedimentos desarrazoados para a sustação ou a revogação de cheque.

Art. 26. É vedado o fornecimento de folhas de cheque enquanto o titular da conta de depósitos à vista movimentável por cheque figurar no cadastro de emitentes de cheques sem fundos.

Art. 27. As instituições financeiras sacadas devem manter assinatura atualizada dos titulares das contas de depósitos à vista movimentáveis por cheque.

Art. 28. A instituição financeira sacada é obrigada a fornecer, mediante solicitação por escrito do interessado, as informações adiante especificadas, conforme os casos indicados:

I – nome completo e endereços residencial e comercial do emitente, no caso de cheque devolvido por:

a) insuficiência de fundos;
b) motivos que ensejam registro de ocorrência no cadastro de emitentes de cheques sem fundos;
c) sustação ou revogação devidamente confirmada, não motivada por furto, roubo ou extravio;
d) divergência, insuficiência ou ausência de assinatura; ou
e) erro formal de preenchimento;

II – além das informações estabelecidas no inciso I:

a) cópia da solicitação formal de sustação ou revogação, ou reprodução impressa dos respectivos termos, na hipótese de ter sido solicitada e confirmada por meio de transação eletrônica, contendo a razão alegada pelo emitente ou pelo beneficiário, no caso de cheque devolvido por sustação ou revogação não motivada por furto, roubo ou extravio; e
b) nome completo, endereços residencial e comercial, número do documento de identidade e número de inscrição no CPF, do emitente, no caso de cheque devolvido por qualquer dos casos incluídos no inciso I, emitido por titular de conta conjunta cujos dados de identificação não constem do cheque; e

III – declaração sobre a autenticidade ou não da assinatura do emitente, mediante exame equivalente ao que seria realizado em procedimento de pagamento de cheque apresentado ao caixa, em se tratando de cheque devolvido por sustação ou revogação motivada por furto, roubo ou extravio de folha de cheque em branco.

§ 1º As informações referidas neste artigo devem ser prestadas em documento timbrado da instituição financeira, firmado por seu preposto.

§ 2º Considera-se interessado o beneficiário nominado, o portador legitimado, o endossante, o endossatário, o avalista ou qualquer pessoa que demonstre integrar, de qualquer modo, a relação cambial.

Art. 29. A instituição financeira sacada deve fornecer, a pedido do emitente de cheque incluído no cadastro de emitentes de cheques sem fundos, mediante apresentação de cópia do cheque, o nome completo e endereços residencial e comercial do beneficiário depositante.

Parágrafo único. O fornecimento dos dados de que trata o *caput* deve ser autorizado pelo beneficiário-depositante.

Art. 30. A data de início de relacionamento do titular da conta de depósitos à vista com instituições financeiras impressa na folha de cheque, nos termos do inciso III do *caput* do art. 2º deve indicar a data do mais antigo contrato de conta de depósitos à vista ou de depósitos de poupança em que o cliente conste como titular ou como um dos titulares, na própria instituição financeira depositária ou em outra instituição do mesmo conglomerado, bem como em qualquer outra instituição financeira.

§ 1º No caso de contas de depósitos conjuntas, deve ser considerada a data do mais antigo contrato de conta de depósitos à vista ou de poupança em que o solicitante figure como um dos titulares.

§ 2º Para efeito de indicação de data de início de relacionamento contratual do titular da conta de depósitos com instituições financeiras, não podem ser consideradas:

I – contas de depósitos judiciais de qualquer natureza e as contas abertas por ordem judicial;

II – contas de depósitos à vista ou de depósitos de poupança encerradas há mais de cinco anos, contados da data da formalização da solicitação por parte do cliente.

§ 3º A inclusão da data de início de relacionamento de que trata o *caput* depende de solicitação do titular da conta de depósitos à instituição financeira detentora das referidas informações cadastrais.

§ 4º A inclusão da data de início de relacionamento de que trata o *caput* deve ser atendida pela instituição financeira na qual o cliente mantenha ou pretenda manter a conta de depósitos à vista movimentável por cheque no prazo máximo de trinta dias, contados:

I – da data da formalização da solicitação, se o contrato mais antigo em que o depositante conste como titular ou como um dos titulares foi celebrado na própria instituição financeira depositária ou em outra instituição do mesmo conglomerado financeiro; ou

II – da data de recebimento das informações cadastrais do cliente, se o contrato mais antigo em que o depositante conste como titular ou como um dos titulares foi celebrado com instituição não integrante do conglomerado financeiro da instituição depositária.

§ 5º As informações cadastrais necessárias à demonstração da data de início de relacionamento contratual devem ser mostradas ao cliente pela instituição financeira de origem no prazo máximo de dez dias úteis, contados da data da formalização da respectiva solicitação.

§ 6º A partir da autorização expressa do cliente, as informações cadastrais necessárias à demonstração da data de início de relacionamento contratual devem ser apresentadas diretamente pela instituição portadora das informações à instituição financeira na qual o cliente mantenha ou pretenda manter a conta de depósitos à vista movimentável por cheque, no prazo máximo de cinco dias úteis.

§ 7º As instituições financeiras receptoras das informações cadastrais devem fornecê-las a seus clientes, quando por esses solicitadas, no prazo máximo de cinco dias úteis, contados da data do recebimento da respectiva solicitação, exceto na hipótese de informações sobre as quais haja impedimento legal ou regulamentar para tanto.

§ 8º As instituições financeiras devem estipular os meios necessários à transmissão e à recepção das informações referidas neste artigo, bem como os critérios requeridos para a eliminação de riscos relacionados à segurança do processo, admitida a utilização de meio eletrônico para essa finalidade.

Art. 31. As instituições financeiras mantenedoras de contas de depósitos à vista devem disponibilizar ao interessado informações sobre as seguintes ocorrências relativas a um determinado cheque:

I – cheque sustado ou revogado;

II – cheque objeto de sustação ou revogação em caráter provisório não expirada e ainda não confirmada;

III – cheque enviado ao domicílio do correntista cujo desbloqueio não tenha sido realizado;

IV – cheque cancelado pela instituição financeira sacada;

V – cheque referente à conta de depósitos à vista objeto de bloqueio judicial total;

VI – cheque furtado, roubado, extraviado ou destruído durante o processo de compensação;

VII – cheque referente à conta de depósitos à vista mantida em cooperativa de crédito cujo contrato com a instituição financeira prestadora do serviço de compensação esteja encerrado, ocorrência a ser registrada pela cooperativa de crédito; e

VIII – cheque referente à conta de depósitos à vista encerrada.

§ 1º A consulta às informações de que trata o *caput* deve ser referente a um cheque específico e estar disponível ao interessado, com atualização no prazo de um dia útil após a comunicação ou constatação da ocorrência.

§ 2º Considera-se interessado o emitente, o beneficiário nominado, o portador legitimado, o endossante, o endossatário, o avalista ou qualquer pessoa que demonstre integrar, de qualquer modo, a relação cambial.

CAPÍTULO V

DISPOSIÇÕES GERAIS

Art. 32. As instituições financeiras poderão assumir com os titulares das contas de depósitos à vista movimentáveis por cheque "compromisso de pronto acolhimento", revogável a qualquer tempo, pelo qual se comprometerão a não devolver os cheques de valor de até R$3,41 (três reais e quarenta e um centavos) por motivo de falta de fundos.

Art. 33. As cooperativas de crédito que oferecerem a seus cooperados serviço de compensação interbancária de cheques são, independentemente do acordo firmado com terceiros, responsáveis pelo cumprimento da legislação e regulamentação em vigor relativas ao tratamento dado aos cheques em liquidação, liquidados, ou objeto de ocorrências que impeçam seu curso normal, entre outras as referentes ao lançamento de motivos de devolução, à inclusão e exclusão de ocorrências do cadastro de emitentes de cheques sem fundos, à sustação e revogação de cheques, ao cancelamento de folhas de cheque furtadas, roubadas ou extraviadas em branco e ao fornecimento de informações a beneficiários de cheques devolvidos.

Art. 34. É permitida a prestação de serviço de entrega de folhas de cheque em domicílio em favor de titulares de contas de depósitos à vista, por meio de empresas de correio ou de malotes, ou de serviço próprio da instituição financeira, mediante autorização formal do titular da conta de depósitos à vista movimentável por cheque.

§ 1º No caso de conta de depósitos à vista conjunta, o serviço somente pode ser prestado mediante autorização de todos os titulares da conta.

§ 2º A instituição financeira deve disponibilizar as informações, nos termos do art. 31, sobre as folhas de cheque transferidas ao serviço de entregas e ainda não desbloqueadas pelo depositante.

§ 3º Consideram-se desbloqueadas as folhas de cheque pelo depositante quando:

I – houver comunicação formalizada por assinatura, admitido o emprego de transação ou comunicação eletrônica, mediante senha ou qualquer procedimento apto à produção de prova para fins legais; ou

II – for apresentado ao banco sacado, para pagamento, cheque emitido em folha ainda bloqueada, com assinatura autêntica.

Art. 35. As instituições financeiras podem exigir de seus clientes o ressarcimento do valor pago a título de ressarcimento dos custos operacionais à COMPE, observadas as restrições estabelecidas nesta Resolução.

CAPÍTULO VI

DISPOSIÇÕES FINAIS

Art. 36. O Banco Central do Brasil adotará, no âmbito de suas atribuições legais, as medidas necessárias à execução do disposto nesta Resolução.

Art. 37. Ficam revogados:

I – a Resolução nº 885, de 1983, ressalvados os efeitos descritos no § 5º do art. 2º desta Resolução;

II – a Resolução nº 1.631, de 24 de agosto de 1989;

III – a Resolução nº 1.682, de 31 de janeiro de 1990;

IV – a Resolução nº 2.090, de 6 de julho de 1994;

V – a Resolução nº 3.279, de 29 de abril de 2005;

VI – a Resolução nº 3.972, de 28 de abril de 2011;

VII – o art. 4º da Resolução nº 4.150, de 30 de outubro de 2012; e

VIII – o art. 11 da Resolução nº 4.753, de 26 de setembro de 2019.

Art. 38. Esta Resolução entra em vigor em 2 de outubro de 2023.

Roberto de Oliveira Campos Neto
Presidente do Banco Central do Brasil

LEI Nº 14.597/2023 (LEI GERAL DO ESPORTE)
PÁGINA(S): 1374
INSTR.: INSERIR REDAÇÃO

LEI Nº 14.597, DE 14 DE JUNHO DE 2023

Institui a Lei Geral do Esporte.

- Publicada no *DOU* de 15-6-2023.

TÍTULO I - DO ORDENAMENTO ESPORTIVO NACIONAL

CAPÍTULO I

DA INSTITUIÇÃO DA LEI GERAL DO ESPORTE

Seção I

DISPOSIÇÕES PRELIMINARES

Art. 1º É instituída a Lei Geral do Esporte, que dispõe sobre o Sistema Nacional do Esporte (SINESP) e o Sistema Nacional de Informações e Indicadores Esportivos (SNIIE), a ordem econômica esportiva, a integridade esportiva e o Plano Nacional pela Cultura de Paz no Esporte.

§ 1º Entende-se por esporte toda forma de atividade predominantemente física que, de modo informal ou organizado, tenha por objetivo a prática de atividades recreativas, a promoção da saúde, o alto rendimento esportivo ou o entretenimento.

§§ 2º e 3º VETADOS.

Seção II

DOS PRINCÍPIOS FUNDAMENTAIS

Art. 2º São princípios fundamentais do esporte:

I – autonomia;

II – democratização;

III – descentralização;

IV – diferenciação;

V – educação;

VI – eficiência;

VII – especificidade;

VIII – gestão democrática;

IX – identidade nacional;

X – inclusão;

XI – integridade;

XII – liberdade;

XIII – participação;

XIV – qualidade;

XV – saúde;

XVI – segurança.

Parágrafo único. Considerado o esporte como de alto interesse social, sua exploração e gestão sujeitam-se à observância dos seguintes princípios:

I – transparência financeira e administrativa e conformidade com as leis e os regulamentos externos e internos;

II – moralidade na gestão esportiva;

III – responsabilidade social de seus dirigentes.

Seção III

DO DIREITO FUNDAMENTAL AO ESPORTE

Art. 3º Todos têm direito à prática esportiva em suas múltiplas e variadas manifestações.

§ 1º A promoção, o fomento e o desenvolvimento de atividades físicas para todos, como direito social, notadamente às pessoas com deficiência e às pessoas em vulnerabilidade social, são deveres do Estado e possuem caráter de interesse público geral.

§ 2º VETADO.

§ 3º É direito da mulher, em qualquer idade, ter oportunidades iguais de participar em todos os níveis e em todas as funções de direção, de supervisão e de decisão na educação física, na atividade física e no esporte, para fins recreativos, para a promoção da saúde ou para o alto rendimento esportivo.

Seção IV

DOS NÍVEIS DA PRÁTICA ESPORTIVA

Subseção I

DISPOSIÇÕES GERAIS

Art. 4º A prática esportiva é dividida em 3 (três) níveis distintos, mas integrados, e sem relação de hierarquia entre si, que compreendem:

I – a formação esportiva;

II – a excelência esportiva;

III – o esporte para toda a vida.

Subseção II

DA FORMAÇÃO ESPORTIVA

Art. 5º A formação esportiva visa ao acesso à prática esportiva por meio de ações planejadas, inclusivas, educativas, culturais e lúdicas para crianças e adolescentes, desde os primeiros anos de idade, direcionada ao desenvolvimento integral, e compreende os seguintes serviços:

I – vivência esportiva, com vistas à aproximação a uma base ampla e variada de movimentos, atitudes e conhecimentos relacionados ao esporte, por meio de práticas corporais inclusivas e lúdicas;

II – fundamentação esportiva, com vistas a ampliar e a aprofundar o conhecimento e a cultura esportiva, tendo por objetivo o autocontrole da conduta humana e a autodeterminação dos sujeitos, bem como a construção de bases amplas e sistemáticas de elementos constitutivos de todo e qualquer esporte;

III – aprendizagem da prática esportiva, com vistas à oferta sistemática de múltiplas práticas corporais esportivas para as aprendizagens básicas de diferentes modalidades esportivas, por meio de conhecimentos científicos, habilidades, técnicas, táticas e regras.

§ 1º A formação esportiva também compreende a possibilidade de participação de crianças e adolescentes em competições esportivas enquanto parte de seu aprendizado, sendo permitido o estabelecimento de vínculo de natureza meramente esportiva entre o menor de 12 (doze) anos e a organização esportiva.

§ 2º O menor, de 12 (doze) a 14 (quatorze) anos, não poderá ser alojado nas dependências do clube, ficando vedada a sua residência em domicílio estranho ao de seus familiares.

§ 3º O menor, de 12 (doze) a 14 (quatorze) anos, está sujeito ao pátrio poder e à decisão exclusiva de seus familiares, condicionada sua participação em competições à expressa autorização dos pais ou responsáveis e sua efetiva presença durante a participação do menor na competição.

Subseção III
DA EXCELÊNCIA ESPORTIVA

Art. 6º A excelência esportiva abrange o treinamento sistemático direcionado à formação de atletas na busca do alto rendimento de diferentes modalidades esportivas, e compreende os seguintes serviços:

I – especialização esportiva, direcionada ao treinamento sistematizado em modalidades específicas, buscando a consolidação do potencial dos atletas em formação, com vistas a propiciar a transição para outros serviços;

II – aperfeiçoamento esportivo, com vistas ao treinamento sistematizado e especializado para aumentar as capacidades e habilidades de atletas em competições regionais e nacionais;

III – alto rendimento esportivo, com vistas ao treinamento especializado para alcançar e manter o desempenho máximo de atletas em competições nacionais e internacionais;

IV – transição de carreira, com a finalidade de assegurar ao atleta a conciliação da educação formal com o treinamento, para que ao final da carreira possa ter acesso a outras áreas de trabalho, inclusive esportivas.

Subseção IV
DO ESPORTE PARA TODA A VIDA

Art. 7º O esporte para toda a vida consolida a aquisição de hábitos saudáveis ao longo da vida, a partir da aprendizagem esportiva, do lazer, da atividade física e do esporte competitivo para jovens e adultos, e envolve os seguintes serviços:

I – aprendizagem esportiva para todos, para dar acesso ao esporte àqueles que nunca o praticaram, inclusive às pessoas com deficiência e em processo de reabilitação física;

II – esporte de lazer, para incorporar práticas corpóreas lúdicas como mecanismo de desenvolvimento humano, bem-estar e cidadania;

III – atividade física, para sedimentar hábitos, costumes e condutas corporais regulares com repercussões benéficas na educação, na saúde e no lazer dos praticantes;

IV – esporte competitivo, para manter a prática cotidiana do esporte, ao propiciar competições por faixas etárias àqueles advindos de outros níveis;

V – esporte social, como meio de inclusão de pessoas em vulnerabilidade social, com deficiência, em regime prisional, idosas e em instituições de acolhimento para crianças e adolescentes, entre outros segmentos de demanda de atenção social especial;

VI – esporte como meio de reabilitação, habilitação e saúde, para proporcionar à pessoa a continuidade, a manutenção e a estimulação corporal para o seu bem-estar físico, psíquico e social, com atenção primária aos idosos e às pessoas com deficiência.

Subseção V
DOS OBJETIVOS COMUNS AOS NÍVEIS DA PRÁTICA ESPORTIVA

Art. 8º Todos os níveis da prática esportiva também compreendem o serviço de fomento, difusão e aplicação do conhecimento científico e tecnológico e da inovação, por meio do apoio a pesquisas e produções científicas, a programas de formação, certificação e avaliação de profissionais envolvidos, à realização de cursos, seminários, congressos, intercâmbios científicos, tecnológicos e esportivos e a outros tipos de processos de transmissão de conhecimento no âmbito do esporte.

Art. 9º Em todos os níveis e serviços da prática esportiva haverá a prevenção e o combate às práticas atentatórias à integridade esportiva e ao resultado esportivo.

Art. 10. Considera-se esporte educacional aquele praticado nos sistemas de ensino e em formas assistemáticas de educação, evitando-se a seletividade e a hipercompetitividade de seus praticantes, com a finalidade de alcançar o desenvolvimento integral, físico e intelectual, do indivíduo e a sua formação para o exercício da cidadania e para a prática do lazer, visando à integração social dos estudantes e à melhoria de sua qualidade de vida.

CAPÍTULO II
DO SISTEMA NACIONAL DO ESPORTE E DO SISTEMA NACIONAL DE INFORMAÇÕES E INDICADORES ESPORTIVOS

Seção I
DISPOSIÇÕES GERAIS

Art. 11. O planejamento, a formulação, a implementação e a avaliação de políticas públicas, de programas e de ações para o esporte, nas diferentes esferas governamentais, realizam-se por meio do Sistema Nacional do Esporte (SINESP), sistema descentralizado, democrático e participativo, que tem por objetivos:

I – integrar os entes federativos e as organizações que atuam na área esportiva;

II – atuar de modo a efetivar políticas que visem à gestão compartilhada, ao cofinanciamento e à cooperação técnica entre seus integrantes;

III – estabelecer as responsabilidades dos entes federativos na estruturação, na regulação, na manutenção e na expansão das atividades e das políticas públicas na área esportiva;

IV – definir os níveis de gestão, respeitadas as peculiaridades de cada um dos integrantes;

V – apoiar a universalização da prática esportiva, com atenção especial ao atendimento ao nível da formação esportiva;

VI – promover a inclusão social, de forma a ampliar as possibilidades de acesso à prática esportiva regular para a população;

VII – estimular o desenvolvimento das práticas esportivas como forma de expressão da cultura, de promoção do ser humano, de fortalecimento da saúde e de prevenção de doenças;

VIII – promover a descentralização e a articulação da política esportiva e de lazer;

IX – atender à capacitação dos recursos humanos já inseridos no segmento e à formação de novos recursos humanos qualificados;

X – garantir adequada infraestrutura física, tecnológica e de pessoal para a prática esportiva, inclusive quanto à acessibilidade;

XI – articular níveis e serviços da prática esportiva, para implementação conjunta de políticas, de programas e de ações;

XII – racionalizar a aplicação dos recursos públicos vinculados ao esporte, coordenando esforços entre os entes federados e as organizações esportivas;

XIII – assegurar a participação democrática nos processos de planejamento, coordenação, gestão e avaliação;

XIV – elaborar e cumprir os planos de esporte em todos os níveis da Federação;

XV – instituir instâncias permanentes de colaboração para estruturar e desenvolver a cooperação federativa;

XVI – combater as assimetrias regionais, estaduais e municipais, cooperando na equalização de oportunidades e meios em matéria de prática esportiva, e contribuir para que o desenvolvimento do esporte seja realizado de forma harmoniosa e integrada;

XVII – adotar as medidas necessárias para erradicar ou reduzir as manifestações antiesportivas, como a violência, a corrupção, o racismo, a xenofobia, a homofobia, o sexismo e qualquer outra forma de discriminação, o uso de substâncias ilegais e os métodos tipificáveis como dopagem;

XVIII – proporcionar a capacitação técnica e acadêmica aos atletas e aos ex-atletas com vistas à integração social de forma saudável e produtiva ao término de suas carreiras competitivas.

§ 1º O esporte militar desenvolve-se nos diferentes níveis segundo seu próprio regramento, sem prejuízo do disposto nesta Lei, e faz parte do SINESP.

§ 2º A gestão e a promoção de políticas relacionadas ao esporte militar realizam-se por meio do Subsistema Nacional do Esporte Militar (SNEM), com estrutura e funcionamento próprios.

Art. 12. O SINESP será organizado com observância dos seguintes princípios e diretrizes:

I – esporte como direito social;

II – igualdade de condições para o acesso ao esporte;

III – governança com base no princípio da gestão democrática e participação social;

IV – avaliação, controle social, acesso à informação e transparência da aplicação dos recursos públicos;

V – integração do planejamento, por meio de planos decenais de esporte dos Estados, do Distrito Federal e dos Municípios, em consonância com o Plano Nacional do Esporte (PNEsporte);

VI – colaboração intersetorial entre esporte e outras áreas, como saúde, educação, cultura, proteção da criança e do adolescente, trabalho e emprego e assistência social;

VII – utilização do esporte para promoção dos direitos humanos, da diversidade sociocultural e da sustentabilidade socioambiental;

VIII – fomento da implementação e da ampliação das políticas que visem à inclusão social, ao atendimento aos povos e às comunidades tradicionais e à valorização das pessoas com deficiência e necessidades especiais;

IX – descentralização e articulação da política esportiva e de lazer.

Art. 13. É criado o Sistema Nacional de Informações e Indicadores Esportivos (SNIIE), que tem os seguintes objetivos:

I – coletar, sistematizar e interpretar dados, fornecer metodologias e estabelecer parâmetros à mensuração da atividade da área esportiva e das necessidades sociais por manifestação esportiva, que permitam a formulação, o monitoramento, a gestão e a avaliação das políticas públicas do esporte, de forma a verificar e a racionalizar a implementação do PNEsporte e sua revisão nos prazos previstos;

II – disponibilizar estatísticas, indicadores e outras informações relevantes para a caracterização da demanda e oferta de bens esportivos, para a construção de modelos de economia e sustentabilidade do esporte, e para a adoção de mecanismos de indução e regulação da atividade econômica na área esportiva, de forma a dar apoio aos gestores esportivos públicos e privados;

III – exercer e facilitar o monitoramento e a avaliação das políticas públicas do esporte, de forma a assegurar ao poder público e à sociedade civil o acompanhamento do desempenho do PNEsporte.

§ 1º O SNIIE tem as seguintes características:

I – obrigatoriedade da inserção e da atualização permanente de dados pela União, pelos Estados, pelo Distrito Federal e pelos Municípios que aderirem ao SINESP;

II – caráter declaratório;

III – processos informatizados de declaração, de armazenamento e de extração de dados;

IV – ampla publicidade e transparência para as informações declaradas e sistematizadas, preferencialmente em meios digitais, atualizados tecnologicamente e disponíveis na rede mundial de computadores.

§ 2º O declarante é responsável pela inserção de dados no programa de declaração e pela veracidade das informações inseridas na base de dados.

§ 3º O Ministério do Esporte pode promover parcerias e convênios com instituições especializadas na área de pesquisas socioeconômicas e demográficas e com universidades especializadas em pesquisas na área esportiva para a constituição do SNIIE.

Seção II
DA COMPOSIÇÃO E DAS ATRIBUIÇÕES

Art. 14. O SINESP é integrado pela União e pelos outros entes federativos que a ele aderirem, bem como pelos respectivos conselhos e fundos de esporte e pelas organizações que atuam na área esportiva, de modo a formar subsistemas de acordo com cada nível de prática esportiva.

§ 1º As disposições do Título I desta Lei que imponham aos Estados, ao Distrito Federal ou aos Municípios a criação de órgãos, de fundos, de planos e de programas vincularão apenas os entes que, por meio de lei própria, aderirem ao SINESP.

§ 2º O esporte master e suas organizações esportivas são reconhecidos como integrantes do SINESP e desenvolvem-se nos níveis da excelência esportiva e do esporte para toda a vida.

Art. 15. VETADO.

Art. 16. Compete à União:

I – VETADO;

II – manter programas e projetos próprios ou em colaboração com o objetivo de desenvolvimento e manutenção de ações no nível da excelência esportiva;

III – coordenar o processo de monitoramento e de avaliação do PNEsporte, em colaboração com os Estados, o Distrito Federal, os Municípios e demais entidades e organizações previstas nas leis instituidoras dos planos decenais de esporte;

IV – coordenar o SINESP e efetuar a formulação democrática da política nacional de esporte;

V – articular e coordenar os diferentes níveis e serviços de prática esportiva;

VI – prestar assistência técnica e financeira aos Estados, ao Distrito Federal e aos Municípios, com vistas a assegurar a oferta da prática esportiva de qualidade nos níveis e serviços esportivos, inclusive para a formação de recursos humanos;

VII – promover articulação com órgãos educacionais e com entidades representativas para formação de recursos humanos na área do esporte;

VIII – manter e gerir a Rede Nacional de Treinamento, com foco, principalmente, no serviço de excelência esportiva;

IX – manter e gerir o Cadastro Nacional de Organizações Esportivas;

X – manter e gerir banco de dados e informações para produção e divulgação de dados e informações que contribuam para o aprimoramento, a transparência e o controle social das políticas esportivas, orientando sua formulação e revisão;

XI – elaborar normas para regular as relações entre o SINESP e as instituições privadas por meio de Planos de Desenvolvimento Institucional;

XII – estruturar e manter o SNIIE, de forma a assegurar o processo nacional de avaliação do esporte, em colaboração com os demais entes federativos.

Parágrafo único. Compete ao Poder Executivo coordenar as ações intersetoriais no âmbito da União.

Art. 17. Compete aos Estados:

I – cofinanciar, por meio de transferência automática ou voluntária, o aprimoramento da gestão, dos serviços, dos programas e dos projetos esportivos em âmbito regional ou local;

II – atender às ações esportivas, prioritariamente nos níveis da formação esportiva e do esporte para toda a vida, em conjunto com os Municípios;

III – destinar recursos prioritariamente para programas e ações que visem ao desenvolvimento e à manutenção do esporte educacional;

IV – estimular e apoiar técnica e financeiramente as associações e os consórcios municipais na execução de políticas públicas na área do esporte;

V – executar políticas públicas cujos custos ou cuja ausência de demanda municipal justifiquem uma rede regional de serviços, desconcentrada, no âmbito do respectivo Estado;

VI – realizar o monitoramento e a avaliação do plano estadual do esporte e assessorar os Municípios para seu desenvolvimento;

VII – promover articulação com órgãos estaduais de educação e com entidades representativas para a formação de pessoas na área do esporte;

VIII – contribuir para a coleta de informações estaduais para a atualização do SNIIE, de forma a assegurar o processo nacional e estadual de avaliação do esporte;

IX – organizar e manter centros regionais de treinamento com a oferta do serviço de aperfeiçoamento esportivo no nível da excelência esportiva;

X – atuar na construção, na reforma, na implantação, na ampliação, na adaptação e na modernização da infraestrutura e dos equipamentos esportivos públicos para a população, com prioridade aos Municípios com baixo Índice de Desenvolvimento Humano (IDH).

Art. 18. Compete aos Municípios:

I – cofinanciar o aprimoramento da gestão, dos serviços, dos programas e dos projetos esportivos em âmbito local;

II – executar políticas públicas esportivas em todos os níveis, com fomento prioritário ao esporte educacional;

III – dispor de profissionais e de locais adequados para a prática esportiva, inclusive no ambiente escolar;

IV – realizar o monitoramento e a avaliação do plano municipal de esporte em seu âmbito;

V – organizar e manter centros municipais de treinamento com o serviço de especialização esportiva no nível da excelência esportiva;

VI – contribuir para a coleta de informações municipais para a atualização do SNIIE, de forma a assegurar o processo nacional, estadual e municipal de avaliação do esporte.

Art. 19. Ao Distrito Federal compete realizar as atividades previstas nos arts. 17 e 18 desta Lei e as que lhes sejam correlatas.

Seção III

Arts. 20 a 22. VETADOS.

Seção IV

DAS CONFERÊNCIAS DE ESPORTE

Art. 23. Sem prejuízo das funções do Poder Legislativo, a formulação de políticas públicas para o esporte deverá ser conduzida de modo democrático e transparente, com a participação de agentes públicos estatais e privados, incluídos, mas não exclusivamente, os praticantes, os profissionais esportivos, os educadores, os beneficiários das políticas públicas esportivas, os usuários das instalações esportivas, os representantes do setor produtivo e os integrantes do SINESP.

§ 1º O SINESP contará, em cada esfera de governo, com instâncias colegiadas denominadas conferências de esporte, que, em conjunto com os demais integrantes do SINESP, serão um espaço adequado para interação e debate entre os diferentes agentes e para formulação de políticas para o setor, observadas as diretrizes do PNEsporte.

§ 2º A conferência de esporte reunir-se-á a cada 4 (quatro) anos com a representação dos vários segmentos sociais, para avaliar a situação do esporte e propor as diretrizes para a formulação da política de esporte nos níveis correspondentes, cuja convocação, ordinariamente, dar-se-á pelo Poder Executivo.

§ 3º A conferência de esporte poderá ser convocada, extraordinariamente, por ela própria ou pelo conselho de esporte do respectivo ente.

§ 4º A conferência de esporte proporá diretrizes para a elaboração dos planos decenais de esporte do respectivo ente e do PNEsporte.

Seção V

Art. 24. VETADO.

Seção VI
DA INTERAÇÃO ENTRE ENTES PÚBLICOS E PRIVADOS NO ESPORTE

Subseção I
DISPOSIÇÕES GERAIS

Art. 25. As pessoas jurídicas de direito privado ou públicas não estatais que se dedicam ao fomento, à promoção, à gestão, à regulação, à inclusão, ao ensino, à tecnologia e à pesquisa na área do esporte, à resolução de conflitos e à manutenção da integridade esportiva relacionam-se com os órgãos e as entidades do poder público em todos os níveis por meio dos mecanismos e das instâncias presentes no SINESP e nos subsistemas dos demais entes, sem prejuízo das atribuições do Congresso Nacional.

§ 1º As políticas públicas esportivas devem ser prioritariamente executadas por meio de mecanismos que permitam a colaboração com as pessoas citadas no *caput* deste artigo, de modo a garantir a descentralização dos programas e das ações e a cooperação com instituições que demonstrem maior especialidade para o desenvolvimento das referidas atividades.

§ 2º As pessoas naturais que atuam na área do esporte relacionam-se com o poder público pelos canais de interação direta, por meio de seus representantes, ou como beneficiários das políticas públicas desenvolvidas na área.

§ 3º As conferências e os conselhos de esporte devem propiciar canais permanentes de interação com a sociedade civil na área do esporte.

Subseção II
DA AUTONOMIA ESPORTIVA

Art. 26. A autonomia é atributo da organização esportiva em todo o mundo, na forma disposta na Carta Olímpica, e limita a atuação do Estado, conforme reconhecido pela Assembleia Geral da Organização das Nações Unidas (ONU) e inscrito na Constituição Federal, e visa a assegurar que não haja interferência externa indevida que ameace a garantia da incerteza do resultado esportivo, a integridade do esporte e a harmonia do sistema transnacional denominado *Lex Sportiva*.

§ 1º Entende-se por *Lex Sportiva* o sistema privado transnacional autônomo composto de organizações esportivas, suas normas e regras e dos órgãos de resolução de controvérsias, incluídos seus tribunais.

§ 2º O esporte de alto rendimento é regulado por normas nacionais e internacionais e pelas regras de prática esportiva de cada modalidade, aceitas pelas respectivas organizações nacionais de administração e regulação do esporte.

Art. 27. As organizações esportivas, qualquer que seja sua natureza jurídica ou forma de estruturação, ainda que integrantes do SINESP, são autônomas quanto à normatização interna para realizar a autorregulação, o autogoverno e a autoadministração, inclusive no que se refere ao regramento próprio da prática do esporte e de competições nas modalidades esportivas que rejam ou de que participem, à sua estruturação interna e à forma de escolha de seus dirigentes e membros, bem como quanto à associação a outras organizações ou instituições, sendo-lhes assegurado:

I – estabelecer, emendar e interpretar livremente as regras apropriadas ao seu esporte, sem influências políticas ou econômicas;

II – VETADO;

III – escolher seus gestores democraticamente, sem interferência do poder público ou de terceiros;

IV – obter recursos de fontes públicas ou de outra natureza, sem obrigações desproporcionais; e

V – VETADO.

Parágrafo único. VETADO.

Art. 28. As organizações esportivas possuem liberdade de associação na área esportiva no âmbito interno e externo, podendo escolher a natureza jurídica que melhor se conformar a suas especificidades, independentemente da denominação adotada, da modalidade esportiva ou da forma de promoção do esporte com que se envolvam, assim como, no caso de organização esportiva de caráter geral, respeitados os direitos e garantias fundamentais, decidir a forma e os critérios para que outra organização possa a ela filiar-se.

Subseção III

Art. 29. VETADO.

Subseção IV
DAS REPRESENTAÇÕES OLÍMPICA E PARALÍMPICA BRASILEIRAS

Art. 30. Ao COB, entidade jurídica de direito privado, compete representar o País nos eventos olímpicos, pan-americanos e outros de igual natureza, no Comitê Olímpico Internacional (COI) e nos movimentos olímpicos internacionais e fomentar o movimento olímpico no território nacional, em conformidade com as disposições da Constituição Federal, bem como com as disposições estatutárias e regulamentares do COI e da Carta Olímpica.

§ 1º Caberá ao COB representar o olimpismo brasileiro perante o poder público.

§ 2º As disposições deste artigo são aplicáveis ao CPB no que se refere ao esporte paralímpico.

Art. 31. É privativo do COB e do CPB o uso das bandeiras, dos lemas, dos hinos e dos símbolos olímpicos e paralímpicos, bem como das denominações "jogos olímpicos", "olimpíadas", "jogos paralímpicos" e "paralimpíadas", permitida a utilização delas quando se tratar de eventos vinculados ao nível da formação esportiva, especialmente no que se refere ao esporte educacional.

Parágrafo único. São vedados o registro e o uso por terceiros, para qualquer fim, das expressões referidas no *caput* deste artigo e de marcas que configurem flagrante reprodução ou imitação, no todo ou em parte, dos símbolos olímpicos e paralímpicos oficiais.

Subseção V
DO SUBSISTEMA NACIONAL DO ESPORTE MILITAR

Art. 32. O Subsistema Nacional do Esporte Militar (SNEM) congrega as ações, os programas e os projetos do Ministério da Defesa e das Forças Armadas e será coordenado pela Comissão Desportiva Militar do Brasil, pelas Comissões de Desportos do Exército, da Marinha e da Aeronáutica e pelas comissões ou entidades similares das Forças Auxiliares.

§ 1º O SNEM tem por finalidade aprimorar as práticas esportivas em seus diversos níveis, no âmbito das Forças Armadas e em apoio ao esporte nacional, e promover inclusão social por meio do esporte nas organizações militares.

§ 2º As ações relacionadas ao esporte militar congregam o esporte nos 3 (três) níveis de prática esportiva desenvolvidos no âmbito das Forças Armadas e das Forças Auxiliares, as atividades de capacitação e educação física e, subsidiariamente, as atividades de sustentação e inclusão social por meio do esporte, conduzidas por intermédio de programas e projetos específicos, incluídos detecção e aproveitamento de novos talentos.

§ 3º O Ministério da Defesa deverá ser previamente consultado nas questões atinentes ao esporte militar e aos programas esportivos que incluam a participação de militares ou das Forças Armadas e das Forças Auxiliares.

Seção VII
DAS FONTES DE RECURSOS DAS ORGANIZAÇÕES ESPORTIVAS PRIVADAS

Subseção I
DISPOSIÇÕES GERAIS

Art. 33. As organizações esportivas constituir-se-ão como pessoas jurídicas de direito privado, financiadas por meio das próprias atividades, admitido o seu fomento pelo poder público, para a realização dos objetivos previstos no PNEsporte, bem como para a execução descentralizada de programas e ações públicos relacionados ao esporte.

Art. 34. As organizações esportivas que receberem recursos oriundos da exploração de concursos de prognósticos, sorteios e loterias administrarão esses recursos em consonância com os princípios gerais da administração pública, podendo empregá-los diretamente ou de forma descentralizada por meio das organizações que compõem seus respectivos subsistemas, e serão fiscalizadas, nessa atividade, pelo Tribunal de Contas da União.

Parágrafo único. VETADO.

Art. 35. Os recursos oriundos da exploração de concursos de prognósticos, de sorteios e de loterias recebidos pelas organizações esportivas privadas, na forma da Lei nº 13.756, de 12 de dezembro de 2018, serão empregados na manutenção e no desenvolvimento de atividades esportivas congruentes com seus objetivos institucionais, em conformidade com o disposto no art. 23 da referida Lei.

Subseção II
DAS CONTRAPARTIDAS NA GESTÃO ESPORTIVA

Art. 36. Somente serão beneficiadas com repasses de recursos públicos federais da administração direta e indireta e de valores provenientes de concursos de prognósticos e de loterias, nos termos desta Lei e do inciso II do *caput* do art. 217 da Constituição Federal, as organizações de administração e de prática esportiva do SINESP que:

I – possuam viabilidade e autonomia financeiras, segundo demonstrações constantes de seus últimos balanços, bem como por declaração para esse fim firmada por seu dirigente máximo;

II – estejam em situação regular com suas obrigações fiscais e trabalhistas, mediante a expedição das respectivas certidões negativas, ou, na hipótese de refinanciamento, da respectiva certidão positiva com efeitos de negativa;

III – demonstrem compatibilidade entre as ações promovidas para o desenvolvimento esportivo em sua área de atuação e o PNEsporte;

IV – demonstrem que seu presidente ou dirigente máximo tenha mandato de até 4 (quatro) anos, permitida uma única recondução consecutiva, e que são inelegíveis, na eleição que suceder o presidente ou dirigente máximo, seu cônjuge e seus parentes consanguíneos ou afins até o segundo grau ou por adoção;

V – atendam às disposições previstas nas alíneas *b* a *e* do § 2º e no § 3º do art. 12 da Lei nº 9.532, de 10 de dezembro de 1997;

VI – destinem integralmente os resultados financeiros à manutenção e ao desenvolvimento dos seus objetivos sociais;

VII – sejam transparentes na gestão, inclusive quanto aos dados econômicos e financeiros, contratos, patrocinadores, direitos de imagem, propriedade intelectual e quaisquer outros aspectos de gestão;

VIII – garantam, nas organizações que administram e regulam modalidade esportiva, a representação da categoria de atletas das respectivas modalidades no âmbito dos órgãos da entidade incumbidos diretamente de assuntos esportivos e dos órgãos e conselhos técnicos responsáveis pela aprovação de todos os seus regulamentos;

IX – assegurem a existência e a autonomia do seu conselho fiscal e a presença mínima de 30% (trinta por cento) de mulheres nos cargos de direção;

X – estabeleçam em seus estatutos:

a) princípios definidores de gestão democrática;

b) instrumentos de controle social da prestação de contas dos recursos públicos recebidos;
c) transparência da gestão da movimentação de recursos;
d) mecanismos de controle interno;
e) alternância no exercício dos cargos de presidente ou dirigente máximo, com mandato limitado a 4 (quatro) anos, permitida uma única reeleição consecutiva, por igual período;
f) aprovação das prestações de contas anuais pelo órgão competente na forma do seu estatuto, precedida por parecer do conselho fiscal;
g) participação de atletas, no caso de organizações que administram e regulam modalidade esportiva, no órgão competente por aprovar regulamentos de competições e na eleição para os cargos da organização;
h) colégio eleitoral constituído de representantes de todos os filiados no gozo de seus direitos, observado que a categoria de atleta deverá possuir o equivalente a, no mínimo, 1/3 (um terço) do valor total dos votos, já computada a eventual diferenciação de valor de que trata o § 1º do art. 60 desta Lei;
i) possibilidade de apresentação de candidatura ao cargo de presidente ou dirigente máximo da entidade com exigência de apoiamento limitada a, no máximo, 5% (cinco por cento) do colégio eleitoral;
j) publicação prévia do calendário de reuniões da assembleia geral e posterior publicação sequencial das atas das reuniões realizadas durante o ano;
k) participação de atletas nos colegiados de direção e no colégio eleitoral por meio de representantes de atletas eleitos diretamente e de forma independente pelos atletas filiados da entidade, assegurado, ao menos, 1/5 (um quinto) de representação de cada sexo;

XI – garantam isonomia nos valores pagos a atletas ou paratletas homens e mulheres nas premiações concedidas nas competições que organizarem ou de que participarem;
XII – comprovem o cumprimento da obrigação de contratar aprendizes e pessoas com deficiência, nos percentuais previstos na legislação específica.

§ 1º VETADO.

§ 2º A verificação do cumprimento das exigências previstas neste artigo será de responsabilidade do Ministério do Esporte.

§ 3º VETADO.

§ 4º As organizações a que se refere o *caput* deste artigo deverão dar publicidade às seguintes informações:

I – cópia do estatuto social atualizado da organização;
II – relação nominal atualizada dos dirigentes da organização e seus efetivos salários;
III – cópia integral dos convênios, contratos, termos de parcerias, acordos, ajustes ou instrumentos congêneres realizados com o Poder Executivo federal, e dos respectivos aditivos, e relatórios finais de prestação de contas, na forma da legislação aplicável;
IV – documentos e informações relativos à prestação de contas e, no caso de organização que administra e regula a modalidade esportiva, documentos e informações relacionados à sua gestão, ressalvados, em qualquer caso, os contratos comerciais celebrados com cláusula de confidencialidade, sem embargo da competência de fiscalização do conselho fiscal e da obrigação do correto registro contábil de receita e despesa deles decorrente.

§ 5º As informações de que trata o § 4º deste artigo serão divulgadas no sítio eletrônico da organização e em quadro de avisos de amplo acesso público em sua sede.

§§ 6º a 8º VETADOS.

§ 9º O disposto neste artigo aplica-se, no que couber, ao CBC e ao CBCP.

Art. 37. VETADO.

SUBSEÇÃO III
DOS PACTOS PARA OS CICLOS OLÍMPICOS E PARALÍMPICOS

Art. 38. O COB, o CPB e as organizações esportivas de atuação nacional que lhes são filiadas, bem como o CBC e o CBCP, firmarão com o Ministério do Esporte, até o mês de dezembro do ano em que se realizarem os Jogos Olímpicos e Paralímpicos de Verão, seus pactos para os ciclos olímpicos e paralímpicos seguintes.

§ 1º A CBDE e a CBDU firmarão pactos idênticos aos previstos no *caput* deste artigo, mas com adaptação dos períodos de início e fim aos ciclos, respectivamente, da principal competição internacional de que participem.

§ 2º Os pactos de que trata este artigo serão obrigatórios para os fins de recebimento dos recursos previstos no art. 33 desta Lei e terão por objetivo a harmonização das atividades das organizações referidas no *caput* deste artigo com o previsto no PNEsporte em vigor, estabelecendo metas a serem atingidas e diretrizes de trabalho conjunto.

§§ 3º e 4º VETADOS.

CAPÍTULO III
DO FINANCIAMENTO PÚBLICO AO ESPORTE

SEÇÃO I
DISPOSIÇÕES GERAIS

Art. 39. O poder público fomentará a prática esportiva, com a destinação de recursos que possibilitem sua universalização, e sempre priorizará o esporte educacional.

Art. 40. VETADO.

SEÇÃO II

Arts. 41 a 46. VETADOS.

SEÇÃO III

Arts. 47 a 49. VETADOS.

SEÇÃO IV
DOS AUXÍLIOS DIRETOS AOS ATLETAS E DA BOLSA-ATLETA

Art. 50. O poder público fomentará a formação, o desenvolvimento e a manutenção de atletas em formação e de rendimento por meio de auxílios diretos denominados bolsa.

Art. 51. É instituída a Bolsa-Atleta, destinada prioritariamente aos atletas praticantes do esporte de alto rendimento em modalidades olímpicas, paralímpicas e surdolímpicas, sem prejuízo da análise e deliberação acerca das demais modalidades, a serem feitas de acordo com o art. 54 desta Lei.

§ 1º A Bolsa-Atleta garantirá aos atletas benefício financeiro conforme os valores fixados no Anexo desta Lei, que serão revistos em ato do Poder Executivo, com base em estudos técnicos sobre o tema, observado o limite definido na lei orçamentária anual.

§ 2º Para efeito do disposto no § 1º deste artigo, são criadas as seguintes categorias de Bolsa-Atleta:

I – categoria atleta de base: destinada aos atletas que participem com destaque das categorias iniciantes, a serem determinadas pela respectiva organização nacional que administra e regula a modalidade esportiva, em conjunto com o Ministério do Esporte;

II – categoria estudantil: destinada aos atletas que tenham participado de eventos nacionais estudantis reconhecidos pelo Ministério do Esporte;

III – categoria atleta nacional: destinada aos atletas que tenham participado de competição esportiva em âmbito nacional, indicada pela respectiva organização nacional que administra e regula a modalidade esportiva e que atende aos critérios fixados pelo Ministério do Esporte;

IV – categoria atleta internacional: destinada aos atletas que tenham participado, integrando seleção brasileira ou representando o Brasil em sua modalidade, de competição esportiva de âmbito internacional reconhecida pela respectiva organização esportiva internacional e indicada pela organização nacional que administra e regula a modalidade esportiva;

V – categoria atleta olímpico, paralímpico ou surdolímpico: destinada aos atletas que tenham participado de jogos olímpicos, paralímpicos ou surdolímpicos e cumpram os critérios fixados pelo Ministério do Esporte em regulamento;

VI – categoria atleta pódio: destinada aos atletas de modalidades individuais olímpicas, paralímpicas e surdolímpicas, de acordo com os critérios a serem definidos pelas respectivas organizações nacionais que administram e regulam a modalidade esportiva em conjunto com o COB, o CPB, a CBDS e o Ministério do Esporte, obrigatoriamente vinculados ao Programa Atleta Pódio.

§ 3º A Bolsa-Atleta será concedida prioritariamente aos atletas de alto rendimento das modalidades olímpicas, paralímpicas e surdolímpicas filiadas, respectivamente, ao COB, ao CPB e à CBDS e, subsidiariamente, aos atletas das modalidades que não fazem parte do programa olímpico, paralímpico ou surdolímpico.

§ 4º A concessão da Bolsa-Atleta para os atletas participantes de modalidades individuais e coletivas que não fizerem parte do programa olímpico, paralímpico ou surdolímpico ficará limitada a 15% (quinze por cento) dos recursos orçamentários disponíveis para a Bolsa-Atleta.

§ 5º Não serão beneficiados com a Bolsa-Atleta os atletas pertencentes à categoria master ou similar.

§ 6º O beneficiário da Bolsa-Atleta com idade igual ou superior a 16 (dezesseis) anos que não seja filiado a regime próprio de previdência social ou que não esteja enquadrado em uma das hipóteses do art. 11 da Lei nº 8.213, de 24 de julho de 1991, poderá filiar-se ao Regime Geral de Previdência Social como segurado facultativo.

§ 7º Os atletas-guia, os atletas assistentes e os similares poderão ser beneficiários da Bolsa-Atleta, na forma definida pelo regulamento.

§ 8º O regulamento estabelecerá os limites, em cada categoria de bolsa, para o acúmulo do benefício com outras fontes de renda do atleta.

Art. 52. Para pleitear a concessão da Bolsa-Atleta, o atleta deverá preencher, cumulativamente, os seguintes requisitos:

I – possuir idade mínima de 14 (quatorze) anos para a obtenção das Bolsas-Atleta Nacional, Internacional, Olímpico, Paralímpico ou Surdolímpico e Pódio, e possuir idade máxima de 20 (vinte) anos para a obtenção da Bolsa-Atleta Estudantil, até o término das inscrições;

II – estar vinculado a alguma organização que promova a prática esportiva;

III – estar em plena atividade esportiva;

IV – apresentar declaração sobre valores recebidos a título de patrocínio de pessoas jurídicas públicas ou privadas, incluído todo e qualquer montante percebido eventual ou regularmente, diverso do salário, bem como qualquer tipo de apoio em troca de vinculação de marca;

V – ter participado de competição esportiva em âmbito nacional ou internacional no ano imediatamente anterior em que tiver sido pleiteada a concessão da Bolsa-Atleta, com exceção da categoria atleta pódio;

VI – estar regularmente matriculado em instituição de ensino pública ou privada, exclusivamente para os atletas que pleitearem a Bolsa-Atleta na categoria estudantil;

VII – encaminhar, para aprovação, plano esportivo anual, com plano de treinamento, objetivos e metas esportivas para o ano de recebimento do benefício, conforme critérios e modelos a serem estabelecidos pelo Ministério do Esporte;

VIII – estar ranqueado na respectiva organização esportiva internacional entre os 20 (vinte) primeiros colocados do mundo em sua modalidade ou prova específica, exclusivamente para os atletas que pleitearem a Bolsa-Atleta na categoria atleta pódio.

§ 1º Não poderá candidatar-se à Bolsa-Atleta o atleta que tiver sido condenado por dopagem, na forma do regulamento.

§ 2º Os atletas beneficiados com a Bolsa-Atleta na categoria estudantil poderão recebê-la cumulativamente com outras bolsas ou benefícios oriundos de programas de incentivo ao ensino, à pesquisa, à iniciação científica e à extensão, inclusive os matriculados em cursos de graduação ou pós-graduação stricto sensu em instituição de ensino superior.

Art. 53. A Bolsa-Atleta será concedida pelo prazo de 1 (um) ano e deverá ser paga em até 12 (doze) parcelas mensais.

Parágrafo único. Encerrado o prazo previsto no *caput* ***deste artigo, terão prioridade para a renovação da Bolsa-Atleta:***

I – os atletas de qualquer categoria da Bolsa-Atleta que conquistarem medalhas nos jogos olímpicos, paralímpicos ou surdolímpicos;

II – os atletas da categoria atleta pódio;

III – as atletas gestantes ou puérperas.

▪ Parágrafo único acrescido pela Lei nº 14.614, de 3-7-2023.

Art. 53-A. ***O Ministério do Esporte garantirá às atletas gestantes ou puérperas, no âmbito da Bolsa-Atleta, o respeito à maternidade e aos direitos que as protegem.***

§ 1º Caso a atleta não possa comprovar a participação em competição nacional ou internacional no ano imediatamente anterior ao pedido de concessão da Bolsa-Atleta em decorrência de afastamento determinado pela gestação ou pelo puerpério, poderá ser utilizado o resultado esportivo obtido no ano antecedente ao da gestação ou do puerpério para pleitear o benefício.

§ 2º Será garantido à atleta gestante ou puérpera o recebimento regular das parcelas mensais da Bolsa-Atleta até que possa retomar a atividade esportiva, hipótese em que não se aplicará o prazo previsto no *caput* do art. 53 desta Lei.

§ 3º A comprovação de plena atividade esportiva não será exigida da atleta na prestação de contas referente aos recursos financeiros recebidos no âmbito da Bolsa-Atleta durante o período da gestação ou do puerpério.

§ 4º Para fins do disposto neste artigo, a concessão da Bolsa-Atleta será garantida à atleta gestante ou puérpera durante o período da gestação acrescido de até 6 (seis) meses após o nascimento da criança, desde que o período adicional do benefício não exceda a 15 (quinze) parcelas mensais consecutivas.

§ 5º Retomada a atividade esportiva ou encerrado o prazo previsto no § 4º deste artigo, as obrigações assumidas pela atleta no âmbito da Bolsa-Atleta voltarão a ser exigidas.

§ 6º Os direitos reconhecidos à atleta gestante ou puérpera não afastarão a possibilidade de a beneficiária da Bolsa-Atleta, respeitada a orientação de seu médico e de seu treinador, continuar ou retomar a atividade esportiva previamente ao encerramento do prazo previsto no § 4º deste artigo.

§ 7º Os direitos reconhecidos à atleta gestante ou puérpera de que tratam este artigo e o inciso III do parágrafo único do art. 53 desta Lei aplicam-se à hipótese de adoção.

§ 8º A concessão dos direitos reconhecidos à atleta gestante ou puérpera de que trata este artigo fica condicionada à disponibilidade orçamentária e financeira do Ministério do Esporte.

▪ Art. 53-A acrescido pela Lei nº 14.614, de 3-7-2023.

Art. 54. O Ministro de Estado do Esporte submeterá ao CNE a análise e deliberação acerca de pleito de concessão de bolsas para atletas de modalidades não olímpicas, não paralímpicas e não surdolímpicas, e respectivas categorias, que serão atendidas pela Bolsa-Atleta no exercício subsequente, observados o PNEsporte e as disponibilidades financeiras.

Art. 55. VETADO.

Art. 56. Os critérios complementares para concessão, suspensão e cancelamento de bolsas, inclusive quanto às modalidades não olímpicas, não paralímpicas e não surdolímpicas, e as formas e os prazos para a inscrição dos interessados na obtenção do benefício e para a prestação de contas dos recursos financeiros recebidos e dos resultados esportivos propostos e alcançados pelos atletas beneficiados serão fixados em regulamento.

Parágrafo único. O regulamento referido no *caput* deste artigo deverá assegurar ao atleta:

I – o direito de recurso contra a decisão;

II – a garantia do efeito suspensivo imediato da eficácia da decisão para os casos de suspensão ou cancelamento de bolsas.

TÍTULO II - DA ORDEM ECONÔMICA ESPORTIVA

CAPÍTULO I
DA RESPONSABILIDADE NA GESTÃO ESPORTIVA

Seção I
DISPOSIÇÕES GERAIS

Art. 57. A ordem econômica esportiva visa a assegurar as relações sociais oriundas de atividades esportivas, e cabe ao poder público zelar pela sua higidez, em razão do relevante interesse social.

Art. 58. Para a promoção e a manutenção da higidez da ordem econômica esportiva, os gestores da área do esporte submetem-se a regras de gestão corporativa, de conformidade legal e regulatória, de transparência e de manutenção da integridade da prática e das competições esportivas.

Seção II
DOS PRINCÍPIOS E DAS DIRETRIZES

Art. 59. São princípios da gestão na área esportiva, sem prejuízo de outros preceitos correlatos:

I – responsabilidade corporativa: caracterizada pelo dever de zelar pela viabilidade econômico-financeira da organização, especialmente por meio da adoção de procedimentos de planejamento de riscos e de padrões de conformidade;

II – transparência: consistente na disponibilização pública das informações referentes ao desempenho econômico-financeiro, gerenciais e pertinentes à preservação e ao desenvolvimento do patrimônio da organização;

III – prestação de contas: referente ao dever de o gestor prestar contas de sua atuação de modo claro, conciso, compreensível e tempestivo, assumindo integralmente as consequências de seus atos e omissões e atuando com diligência e responsabilidade no âmbito de sua competência;

IV – equidade: caracterizada pelo tratamento justo e isonômico de todos os gestores e membros da organização, considerados seus direitos, seus deveres, suas necessidades, seus interesses e suas expectativas;

V – participação: consubstanciada na adoção de práticas democráticas de gestão direcionadas à adoção de meios que possibilitem a participação de todos os membros da organização;

VI – integridade esportiva: referente, no âmbito da gestão do esporte, à adoção de medidas que evitem qualquer interferência indevida que possa afetar a incerteza do resultado esportivo, a igualdade e a integridade dos competidores.

Art. 60. Os processos eleitorais das organizações esportivas assegurarão:

I – colégio eleitoral constituído por todos os filiados no gozo de seus direitos, admitida a diferenciação de valor dos seus votos, bem como por representação de atletas e, quando for o caso, de técnicos e de árbitros participantes de competições coordenadas pela organização responsável pelo pleito, na forma e segundo critérios decididos por seus associados;

II – defesa prévia, em caso de impugnação do direito de participar da eleição;

III – eleição convocada no sítio eletrônico da organização esportiva e mediante edital publicado em órgão de imprensa de grande circulação, por 3 (três) vezes;

IV – sistema de recolhimento dos votos imune a fraude, admitida votação não presencial;

V – acompanhamento da apuração pelos candidatos e pelos meios de comunicação.

§ 1º Na hipótese da adoção de critério diferenciado de valoração dos votos, este não poderá exceder à proporção de 1 (um) para 6 (seis) entre o de menor e o de maior valor.

§ 2º Nas organizações esportivas que administram e regulam modalidade esportiva, o colégio eleitoral será integrado, no mínimo, por representantes das agremiações participantes das 2 (duas) principais categorias do campeonato que aquelas organizam.

§ 3º VETADO.

Art. 61. VETADO.

§ 1º Todos os integrantes das assembleias gerais terão acesso aos documentos, às informações e aos comprovantes de despesas de contas de que trata o *caput* deste artigo, facultado estabelecer que a análise será realizada somente na sede da organização esportiva.

§ 2º As organizações esportivas a que se refere o *caput* deste artigo poderão oferecer em garantia seus bens patrimoniais, esportivos ou sociais, inclusive imobiliários ou de propriedade intelectual, na forma de seu estatuto, ou, se omisso este, mediante aprovação de mais da metade dos associados presentes à assembleia geral especialmente convocada para deliberar sobre o tema.

§ 3º Sem prejuízo de outros requisitos previstos em lei e do disposto no § 3º do art. 195 da Constituição Federal, as organizações esportivas de que trata o *caput* deste artigo somente poderão obter financiamento com recursos públicos ou fazer jus a programas de recuperação econômico-financeiros se, cumulativamente, atenderem às seguintes condições:

I – realizar todos os atos necessários para permitir a identificação exata de sua situação financeira;

II – apresentar plano de resgate, plano de investimento e plano de provimento de credores trabalhistas;

III – garantir a independência de seus conselhos de fiscalização e de administração, quando houver;

IV – adotar modelo profissional e transparente; e

V – apresentar suas demonstrações financeiras juntamente com os respectivos relatórios de auditoria.

§ 4º Os recursos do financiamento direcionados à implementação do plano de resgate serão utilizados:

I – prioritariamente, para quitação de débitos fiscais e trabalhistas; e

II – subsidiariamente, para construção ou melhoria de arena esportiva própria ou de arenas por elas utilizadas para mando de suas provas ou partidas, com a finalidade de atender aos critérios de segurança, saúde e bem-estar do espectador.

§ 5º Na hipótese do inciso II do § 4º deste artigo, a organização esportiva deverá apresentar à instituição financiadora o orçamento das obras pretendidas.

§ 6º VETADO.

Art. 62. Nenhuma pessoa natural ou jurídica que, direta ou indiretamente, seja detentora de parcela do capital com direito a voto ou, de qualquer forma, participe da administração de qualquer organização esportiva que promova a prática esportiva profissional poderá ter participação simultânea no capital social ou na gestão de outra organização esportiva congênere disputante da mesma competição que envolva a prática esportiva profissional.

§ 1º É vedado que 2 (duas) ou mais organizações esportivas que promovam a prática esportiva profissional disputem a mesma competição ou a mesma série ou divisão de uma competição, quando for o caso, das diversas modalidades esportivas disputadas profissionalmente quando:

I – uma mesma pessoa natural ou jurídica, direta ou indiretamente, por meio de relação contratual, explore, controle ou administre direitos que integrem seus patrimônios; ou

II – uma mesma pessoa natural ou jurídica, direta ou indiretamente, seja detentora de parcela do capital com direito a voto ou, de qualquer forma, participe da administração de mais de uma sociedade ou associação que explore, controle ou administre direitos que integrem os seus patrimônios.

§ 2º A vedação de que trata este artigo aplica-se:

I – ao cônjuge e aos parentes até o segundo grau das pessoas naturais; e

II – às sociedades controladoras, às controladas e às coligadas das mencionadas pessoas jurídicas, bem como a fundo de investimento, a condomínio de investidores ou outra forma assemelhada que resulte na participação concomitante vedada neste artigo.

§ 3º Ficam excluídos da vedação de que trata este artigo os contratos de administração e investimentos em arenas esportivas, de patrocínio, de licenciamento de uso de marcas e símbolos e de publicidade e propaganda, desde que não importem na administração direta ou na cogestão das atividades esportivas profissionais das organizações esportivas, bem como os contratos individuais ou coletivos de licenciamento de direitos para transmissão de eventos esportivos.

§ 4º A infringência a este artigo implica a inabilitação da organização esportiva quanto à percepção de recursos públicos e verbas de concursos de prognósticos e de loterias.

Art. 63. As organizações esportivas envolvidas em qualquer competição de atletas profissionais, independentemente da forma jurídica adotada, exceto as de pequeno porte, nos termos do § 6º do art. 61 desta Lei, ficam obrigadas a:

I – elaborar demonstração financeira passível de separação por atividade econômica, de modo distinto das atividades recreativas e sociais, nos termos da lei e de acordo com os padrões e os critérios estabelecidos pelo Conselho Federal de Contabilidade, e, após terem sido submetidas a auditoria independente, providenciar sua publicação, até o último dia útil do mês de abril do ano subsequente, por período não inferior a 3 (três) meses, em sítio eletrônico próprio ou da respectiva organização regional que administra e regula a modalidade esportiva;

II – apresentar contas juntamente com os relatórios da auditoria a que se refere o inciso I do *caput* ao CNE, sempre que forem beneficiárias de recursos públicos, na forma do regulamento.

§ 1º Sem prejuízo da aplicação das penalidades previstas na legislação tributária, trabalhista, previdenciária, cambial e das consequentes responsabilidades civil e penal, a infringência a este artigo implica:

I – para organizações esportivas que administram e regulam a prática esportiva, a inelegibilidade por 10 (dez) anos de seus dirigentes para o desempenho de cargos ou funções eletivas ou de livre nomeação em quaisquer organizações esportivas;

II – para as organizações que promovem a prática esportiva, a inelegibilidade por 10 (dez) anos de seus dirigentes para cargos ou funções eletivas ou de livre nomeação em qualquer organização ou empresa direta ou indiretamente vinculada às competições que envolvam atletas profissionais da respectiva modalidade esportiva.

§ 2º As organizações esportivas que violarem o disposto neste artigo ficam ainda sujeitas:

I – ao afastamento de seus dirigentes; e

II – à nulidade de todos os atos praticados por seus dirigentes em nome da organização, após a prática da infração, respeitado o direito de terceiros de boa-fé.

§ 3º Para fins de aplicação do § 2º deste artigo, consideram-se dirigentes:

I – o presidente da organização esportiva, ou aquele que lhe faça as vezes; e

II – o dirigente que cometeu a infração, ainda que por omissão.

Seção III
DOS DEVERES DO GESTOR

Art. 64. Para os fins do disposto nesta Lei, gestor esportivo é aquele que exerce, de fato ou de direito, poder de decisão na gestão da organização, inclusive seus administradores.

Parágrafo único. É dever do gestor esportivo agir com cautela e planejamento de risco, atentando-se especialmente aos deveres de:

I – diligência: caracterizada pela obrigação de gerir a organização com a competência e o cuidado que seriam usualmente empregados por todo homem digno e de boa-fé na condução dos próprios negócios;

II – lealdade: caracterizada pela proibição de o gestor utilizar em proveito próprio ou de terceiro informações referentes aos planos e aos interesses da organização, sobre os quais somente teve acesso em razão do cargo que ocupa;

III – informação: caracterizada pela necessária transparência dos negócios da organização, com a obrigação de o gestor, sempre de forma imediata, informar os interessados sobre qualquer situação que possa acarretar risco financeiro ou de gestão, bem como de informar sobre eventuais interesses que possua e que possam ensejar conflito de interesse com as atividades da organização.

Seção IV
DOS REQUISITOS E DOS IMPEDIMENTOS PESSOAIS NA GESTÃO ESPORTIVA

Art. 65. São inelegíveis e impedidas de exercer funções de direção das organizações esportivas, independentemente de sua natureza jurídica, as pessoas inelegíveis para o exercício de cargos públicos na forma da legislação eleitoral, pelo período de inelegibilidade nela fixado.

§ 1º São também impedidas de exercer as funções de direção em organização esportiva as pessoas afastadas por decisão interna ou judicial em razão de gestão temerária ou fraudulenta no esporte por, no mínimo, 10 (dez) anos ou enquanto perdurarem os efeitos da condenação judicial.

§ 2º São também inelegíveis, para o desempenho de cargos e funções eletivos ou de livre nomeação, por 10 (dez) anos, os dirigentes:

I – inadimplentes na prestação de contas de recursos públicos em decisão administrativa definitiva;

II – inadimplentes na prestação de contas da própria organização esportiva, por decisão definitiva judicial ou da respectiva organização, respeitados o devido processo legal, o contraditório e a ampla defesa;

III – inadimplentes com as contribuições previdenciárias e trabalhistas de responsabilidade da organização esportiva e cuja inadimplência tenha ocorrido durante sua gestão, desde que os débitos tenham sido inscritos em dívida ativa;

IV – administradores, sócios-gerentes ou dirigentes de empresas que tenham tido sua falência decretada.

Seção V
DA GESTÃO TEMERÁRIA NO ESPORTE

Art. 66. Os dirigentes das organizações esportivas, independentemente da forma jurídica adotada, têm seus bens particulares sujeitos ao disposto no art. 50 da Lei nº 10.406, de 10 de janeiro de 2002 (Código Civil).

§ 1º Para os fins do disposto nesta Lei, dirigente é aquele que exerce, de fato ou de direito, poder de decisão na gestão da entidade, inclusive seus administradores.

§ 2º Os dirigentes de organizações esportivas respondem solidária e ilimitadamente pelos atos ilícitos praticados e pelos atos de gestão irregular ou temerária ou contrários ao previsto no contrato social ou estatuto.

§ 3º O dirigente que tiver conhecimento do não cumprimento dos deveres estatutários ou contratuais por seu predecessor ou pelo administrador competente e deixar de comunicar o fato ao órgão estatutário competente será responsabilizado solidariamente.

Art. 67. Consideram-se atos de gestão irregular ou temerária praticados pelo dirigente aqueles que revelem desvio de finalidade na direção da organização ou que gerem risco excessivo e irresponsável para seu patrimônio, tais como:

I – aplicar créditos ou bens sociais em proveito próprio ou de terceiros;

II – obter, para si ou para outrem, vantagem a que não faz jus e de que resulte ou possa resultar prejuízo para a organização esportiva;

III – celebrar contrato com empresa da qual o dirigente, seu cônjuge ou companheiro ou parentes, em linha reta, colateral ou por afinidade, até o terceiro grau sejam sócios ou administradores, exceto no caso de contratos de patrocínio ou doação em benefício da organização esportiva;

IV – receber qualquer pagamento, doação ou outra forma de repasse de recursos oriundos de terceiros que, no prazo de até 1 (um) ano, antes ou depois do repasse, tenham celebrado contrato com a organização esportiva;

V – antecipar ou comprometer receitas em desconformidade com o previsto em lei;

VI – não divulgar de forma transparente informações de gestão aos associados;

VII – deixar de prestar contas de recursos públicos recebidos.

§ 1º Em qualquer hipótese, o dirigente não será responsabilizado caso:

I – não tenha agido com culpa grave ou dolo; ou

II – comprove que agiu de boa-fé e que as medidas realizadas visavam a evitar prejuízo maior à entidade.

§ 2º Para os fins do disposto no inciso IV do *caput* deste artigo, também será considerado ato de gestão irregular ou temerária o recebimento de qualquer pagamento, doação ou outra forma de repasse de recursos por:

I – cônjuge ou companheiro do dirigente;

II – parentes do dirigente, em linha reta, colateral ou por afinidade, até o terceiro grau;

III – empresa ou sociedade civil da qual o dirigente, seu cônjuge ou companheiro ou parentes, em linha reta, colateral ou por afinidade, até o terceiro grau sejam sócios ou administradores.

Art. 68. Os dirigentes que praticarem atos de gestão irregular ou temerária poderão ser responsabilizados por meio de mecanismos de controle social internos da organização, sem prejuízo da adoção das providências necessárias à apuração das eventuais responsabilidades civil e penal.

§ 1º Na ausência de disposição específica, caberá à assembleia geral da organização deliberar sobre a instauração de procedimentos de apuração de responsabilidade.

§ 2º A assembleia geral poderá ser convocada por 30% (trinta por cento) dos associados com direito a voto para deliberar sobre a instauração de procedimento de apuração de responsabilidade dos dirigentes caso, após 3 (três) meses da ciência do ato tido como de gestão irregular ou temerária:

I – não tenha sido instaurado o referido procedimento; ou

II – não tenha sido convocada assembleia geral para deliberar sobre os procedimentos internos de apuração da responsabilidade.

§ 3º Em organizações em cuja estrutura não haja assembleia geral, competem ao conselho fiscal os procedimentos previstos nos §§ 1º e 2º deste artigo.

§ 4º Caso constatada a responsabilidade, o dirigente será considerado inelegível por 10 (dez) anos para cargos eletivos em qualquer organização esportiva.

Art. 69. Compete à organização esportiva, mediante prévia deliberação da assembleia geral, adotar medida judicial cabível contra os dirigentes para ressarcimento dos prejuízos causados ao seu patrimônio.

§ 1º Os dirigentes contra os quais deva ser proposta medida judicial ficarão impedidos e deverão ser substituídos na mesma assembleia.

§ 2º O impedimento previsto no § 1º deste artigo será suspenso caso a medida judicial não tenha sido proposta após 3 (três) meses da deliberação da assembleia geral.

§ 3º Em organizações em cuja estrutura não haja assembleia geral, competem ao conselho fiscal os procedimentos previstos neste artigo.

CAPÍTULO II

DAS RELAÇÕES DE TRABALHO NO ESPORTE

Seção I

DO TRABALHADOR ESPORTIVO

Subseção I

DISPOSIÇÕES GERAIS

Art. 70. No nível da excelência esportiva, as relações econômicas que advêm da prática do esporte devem basear-se nas premissas do desenvolvimento social e econômico e no primado da proteção do trabalho, da garantia dos direitos sociais do trabalhador esportivo e da valorização da organização esportiva empregadora.

Art. 71. O trabalhador da área do esporte desempenha atividades laborais permeadas por peculiaridades e especificidades, estabelecendo relações com as organizações esportivas, independentemente de sua natureza jurídica, por meio das formas previstas na legislação civil ou trabalhista.

Subseção II

DOS ATLETAS

Art. 72. A profissão de atleta é reconhecida e regulada por esta Lei, sem prejuízo das disposições não colidentes contidas na legislação vigente, no respectivo contrato de trabalho ou em acordos ou convenções coletivas.

Parágrafo único. Considera-se atleta profissional o praticante de esporte de alto nível que se dedica à atividade esportiva de forma remunerada e permanente e que tem nessa atividade sua principal fonte de renda por meio do trabalho, independentemente da forma como recebe sua remuneração.

Art. 73. Qualquer cessão ou transferência de atleta profissional ou não profissional depende de sua formal e expressa anuência.

Art. 74. São deveres do atleta profissional, em especial:

I – participar dos jogos, dos treinos, dos estágios e de outras sessões preparatórias de competições com aplicação e dedicação correspondentes às suas condições psicofísicas e técnicas;

II – preservar as condições físicas que lhe permitam participar das competições esportivas, submetendo-se às intervenções médicas e assistências especializadas necessárias à prática esportiva;

III – exercitar a atividade esportiva profissional de acordo com as regras da respectiva modalidade esportiva e as normas que regem a disciplina e a ética esportivas.

Subseção III
DOS TREINADORES

Art. 75. A profissão de treinador esportivo é reconhecida e regulada por esta Lei, sem prejuízo das disposições não colidentes constantes da legislação vigente, do respectivo contrato de trabalho ou de acordos ou convenções coletivas.

§ 1º Considera-se treinador esportivo profissional a pessoa que possui como principal atividade remunerada a preparação e a supervisão da atividade esportiva de um ou vários atletas profissionais.

§ 2º O exercício da profissão de treinador esportivo em organização de prática esportiva profissional fica assegurado exclusivamente:

I – aos portadores de diploma de educação física;

II – aos portadores de diploma de formação profissional em nível superior em curso de formação profissional oficial de treinador esportivo, devidamente reconhecido pelo Ministério da Educação, ou em curso de formação profissional ministrado pela organização nacional que administra e regula a respectiva modalidade esportiva;

III – aos que, na data da publicação desta Lei, estejam exercendo, comprovadamente, há mais de 3 (três) anos, a profissão de treinador esportivo em organização de prática esportiva profissional.

§ 3º Os ex-atletas podem exercer a atividade de treinador esportivo, desde que:

I – comprovem ter exercido a atividade de atleta por 3 (três) anos consecutivos ou por 5 (cinco) anos alternados, devidamente comprovados pela respectiva organização que administra e regula a modalidade esportiva; e

II – participem de curso de formação de treinadores, reconhecido pela respectiva organização que administra e regula a modalidade esportiva.

§ 4º É permitido o exercício da profissão a treinadores estrangeiros, desde que comprovem ter licença de sua associação nacional de origem.

§ 5º O disposto no § 2º deste artigo não se aplica aos profissionais que exerçam trabalho voluntário e aos que atuem em organização esportiva de pequeno porte, nos termos do § 6º do art. 61 desta Lei.

Art. 76. São direitos do treinador esportivo profissional:

I – ter ampla e total liberdade na orientação técnica e tática esportiva;

II – ter apoio e assistência moral e material assegurada pelo contratante, para que possa desempenhar bem suas atividades;

III – exigir do contratante o cumprimento das determinações dos organismos esportivos atinentes à sua profissão.

Art. 77. São deveres do treinador esportivo profissional:

I – zelar pela disciplina dos atletas sob sua orientação, ministrando os treinamentos no intuito de dotar os atletas da máxima eficiência tática e técnica em favor do contratante;

II – manter o sigilo profissional.

Subseção IV
DOS ÁRBITROS

Art. 78. A atividade de árbitro esportivo é reconhecida e regulada por esta Lei, sem prejuízo das disposições não colidentes constantes da legislação vigente.

§ 1º Considera-se árbitro esportivo profissional a pessoa que possui como principal atividade remunerada a direção de disciplina e conformidade com as regras esportivas durante uma prova ou partida de prática esportiva.

§ 2º O trabalho do árbitro esportivo é regulado pelas organizações esportivas responsáveis pela atividade referida no § 1º deste artigo, mas não há relação de subordinação de natureza laboral entre esses profissionais e a organização esportiva que o contrata ou regula seu trabalho.

Art. 79. O árbitro esportivo exercerá atribuições relacionadas às atividades esportivas disciplinadas nesta Lei, destacando-se aquelas inerentes ao árbitro de partidas e as de seus auxiliares.

Art. 80. É facultado aos árbitros esportivos organizar-se em associações profissionais e em sindicatos.

Art. 81. É facultado aos árbitros esportivos prestar serviços às organizações esportivas, qualquer que seja sua natureza jurídica ou forma de estruturação, ressalvado o seu impedimento para atuar em campeonato, em partida ou em prova de organização de prática esportiva à qual tenha vinculado os seus serviços, ou que a beneficie direta ou indiretamente na disputa da competição.

Subseção V
DISPOSIÇÕES COMUNS AOS TRABALHADORES ESPORTIVOS

Art. 82. A atividade assalariada não é a única forma de caracterização da profissionalização do atleta, do treinador e do árbitro esportivo, sendo possível também definir como profissional quem é remunerado por meio de contratos de natureza cível, vedada a sua participação como sócio ou acionista da organização esportiva.

Parágrafo único. A atividade profissional do atleta, do treinador e do árbitro esportivo não constitui por si relação de emprego com a organização com a qual ele mantenha vínculo de natureza meramente esportiva, caracterizado pela liberdade de contratação.

Seção II
DAS ORGANIZAÇÕES ESPORTIVAS DIRECIONADAS À PRÁTICA PROFISSIONAL

Art. 83. Considera-se direcionada à prática esportiva profissional a organização esportiva, independentemente de sua natureza jurídica, que mantenha atletas profissionais em seus quadros.

Art. 84. São deveres da organização esportiva direcionada à prática esportiva profissional, em especial:

I – registrar o atleta profissional na organização esportiva que regula a respectiva modalidade para fins de vínculo esportivo;

II – proporcionar aos atletas profissionais as condições necessárias à participação nas competições esportivas, nos treinos e em outras atividades preparatórias ou instrumentais;

III – submeter os atletas profissionais aos exames médicos e clínicos necessários à prática esportiva;

IV – proporcionar condições de trabalho dignas aos demais profissionais esportivos que componham seus quadros ou que a ela prestem serviços, incluídos os treinadores e, quando pertinente, os árbitros;

V – promover obrigatoriamente exames periódicos para avaliar a saúde dos atletas, nos termos da regulamentação;

VI – contratar seguro de vida e de acidentes pessoais, com o objetivo de cobrir os riscos aos quais os atletas e os treinadores estão sujeitos, inclusive a organização esportiva que o convoque para seleção;

VII – assegurar que a importância segurada garanta ao atleta profissional ou ao beneficiário por ele indicado no contrato de seguro o direito a indenização mínima correspondente ao valor anual da remuneração pactuada.

§ 1º A organização esportiva contratante é responsável pelas despesas médico-hospitalares, fisioterapêuticas e de medicamentos necessárias ao restabelecimento do atleta ou do treinador enquanto a seguradora não fizer o pagamento da indenização a que se refere este artigo, independentemente do pagamento de salário.

§ 2º As despesas com seguro a que se refere o inciso VI do *caput* deste artigo serão custeadas, conforme a hipótese, com recursos oriundos da exploração de loteria destinados ao COB e ao CPB.

§ 3º A CBDE e a CBDU, quando convocarem atletas para seleção, são obrigadas a contratar o seguro a que se refere o inciso VI do *caput* deste artigo, e podem utilizar-se, para o custeamento das despesas, de recursos oriundos da exploração de loteria que lhes são destinados.

§ 4º É vedada a participação em competições esportivas profissionais de atletas não profissionais com idade superior a 21 (vinte e um) anos de idade.

SEÇÃO III
DO CONTRATO ESPECIAL DE TRABALHO ESPORTIVO

SUBSEÇÃO I
DAS CARACTERÍSTICAS DO CONTRATO ESPECIAL DE TRABALHO ESPORTIVO

Art. 85. A relação do atleta profissional com seu empregador esportivo regula-se pelas normas desta Lei, pelos acordos e pelas convenções coletivas, pelas cláusulas estabelecidas no contrato especial de trabalho esportivo e, subsidiariamente, pelas disposições da legislação trabalhista e da seguridade social.

§ 1º Os prêmios por performance ou resultado, o direito de imagem e o valor das luvas, caso ajustadas, não possuem natureza salarial e constarão de contrato avulso de natureza exclusivamente civil.

§ 2º Consideram-se prêmios por performance as liberalidades concedidas pela organização que se dedique à prática esportiva empregadora em dinheiro a atleta, a grupo de atletas, a treinadores e a demais integrantes de comissões técnicas e delegações, em razão do seu desempenho individual ou do desempenho coletivo da equipe da organização que se dedique à prática esportiva, previstas em contrato especial de trabalho esportivo ou não.

Art. 86. O atleta profissional poderá manter relação de emprego com organização que se dedique à prática esportiva, com remuneração pactuada em contrato especial de trabalho esportivo, escrito e com prazo determinado, cuja vigência não poderá ser inferior a 3 (três) meses nem superior a 5 (cinco) anos, firmado com a respectiva organização esportiva, do qual deverá constar, obrigatoriamente:

I – cláusula indenizatória esportiva, devida exclusivamente à organização esportiva empregadora à qual está vinculado o atleta, nas seguintes hipóteses:

a) transferência do atleta para outra organização, nacional ou estrangeira, durante a vigência do contrato especial de trabalho esportivo;

b) retorno do atleta às atividades profissionais em outra organização esportiva, no prazo de até 30 (trinta) meses; ou

c) VETADA.

II – cláusula compensatória esportiva, devida pela organização que promova prática esportiva ao atleta, nas hipóteses dos incisos III, IV e V do *caput* do art. 90 desta Lei.

§ 1º O valor da cláusula indenizatória esportiva a que se refere o inciso I do *caput* deste artigo será livremente pactuado pelas partes e expressamente quantificado no instrumento contratual:

I – até o limite máximo de 2.000 (duas mil) vezes o valor médio do salário contratual, para as transferências nacionais;

II – sem qualquer limitação, para as transferências internacionais.

§ 2º Serão solidariamente responsáveis pelo pagamento da cláusula indenizatória esportiva de que trata o inciso I do *caput* deste artigo o atleta e a nova organização esportiva empregadora.

§ 3º O valor da cláusula compensatória esportiva a que se refere o inciso II do *caput* deste artigo será livremente pactuado entre as partes e formalizado no contrato especial de trabalho esportivo, observando-se, como limite máximo, 400 (quatrocentas) vezes o valor do salário mensal no momento da rescisão e, como limite mínimo, o valor total de salários mensais a que teria direito o atleta até o término do referido contrato.

§§ 4º e 5º VETADOS.

§ 6º Se ocorrer o atraso no pagamento das parcelas da cláusula compensatória esportiva superior a 2 (dois) meses, vencer-se-á automaticamente toda a dívida.

§ 7º VETADO.

§ 8º O contrato especial de trabalho esportivo vigerá independentemente de registro em organização esportiva e não se confundirá com o vínculo esportivo.

§ 9º Não constituirá nem gerará vínculo de emprego a remuneração eventual de atleta de qualquer modalidade por participação em prova ou partida, inclusive as premiações por resultado alcançado, concedidas eventualmente e em razão de desempenho superior ao ordinariamente esperado no exercício de suas atividades, bem como a percepção de auxílios na forma de bolsas ou de remuneração não permanente por meio de patrocínios ou direito sobre a exploração comercial de sua imagem.

§ 10. Os contratos celebrados com atletas mulheres, ainda que de natureza cível, não poderão ter qualquer tipo de condicionante relativo a gravidez, a licença-maternidade ou a questões referentes a maternidade em geral.

§§ 11 e 12. VETADOS.

Art. 87. Convenção ou acordo coletivo de trabalho disporá sobre a regulação do trabalho do atleta profissional, respeitadas as peculiaridades de cada modalidade esportiva e do trabalho das mulheres, bem como sobre a proteção ao trabalho do menor.

Parágrafo único. O poder público, especialmente os órgãos do Poder Judiciário, atenderão à prevalência das normas convencionadas ou acordadas na forma do *caput* deste artigo sobre as disposições legais, inclusive quanto às disposições desta Lei e das normas que se aplicarem subsidiariamente a ela, respeitados os direitos sociais de caráter heterônomo constantes da Constituição Federal.

Art. 88. A organização que promove prática esportiva poderá suspender o contrato especial de trabalho esportivo do atleta profissional, ficando dispensada do pagamento da remuneração nesse período, quando o atleta for impedido de atuar, por prazo ininterrupto superior a 90 (noventa) dias, em decorrência de ato ou evento de sua exclusiva responsabilidade, desvinculado da atividade profissional, conforme previsto no referido contrato.

Parágrafo único. O contrato especial de trabalho esportivo deverá conter cláusula expressa reguladora de sua prorrogação automática na ocorrência da hipótese de suspensão contratual prevista no *caput* deste artigo.

Art. 89. Quando o contrato especial de trabalho esportivo possuir prazo inferior a 12 (doze) meses, o atleta profissional terá direito a saldo proporcional aos meses trabalhados durante a vigência do contrato, referente a férias, a abono de férias e a décimo terceiro salário.

Subseção II
DO TÉRMINO DO CONTRATO ESPECIAL DE TRABALHO ESPORTIVO

Art. 90. O vínculo de emprego e o vínculo esportivo do atleta profissional com a organização esportiva empregadora cessam para todos os efeitos legais com:

I – o término da vigência do contrato ou o seu distrato;

II – VETADO;

III – a rescisão decorrente do inadimplemento salarial ou do contrato de direito de imagem a ele vinculado, de responsabilidade da organização esportiva empregadora, nos termos desta Lei;

IV – a rescisão indireta, nas demais hipóteses previstas na legislação trabalhista;

V – a dispensa imotivada do atleta.

§ 1º É hipótese de rescisão indireta do contrato especial de trabalho esportivo a inadimplência da organização esportiva empregadora com as obrigações contratuais referentes à remuneração do atleta profissional ou ao contrato de direito de imagem, por período igual ou superior a 2 (dois) meses, ficando o atleta livre para transferir-se a qualquer outra organização esportiva, nacional ou estrangeira, e exigir a cláusula compensatória esportiva e os haveres devidos.

§ 2º Consideram-se salário, para efeitos da remuneração prevista no § 1º deste artigo, o abono de férias, o décimo terceiro salário, as gratificações e as demais verbas inclusas no contrato de trabalho.

§ 3º Caracteriza também mora contumaz o não recolhimento do FGTS e das contribuições previdenciárias.

§ 4º O atleta com contrato especial de trabalho esportivo rescindido na forma do § 1º deste artigo fica autorizado a transferir-se para outra organização esportiva, independentemente do número de partidas das quais tenha participado na competição, bem como a disputar a competição que estiver em andamento por ocasião da rescisão contratual, respeitada a data-limite de inscrições prevista nos regulamentos de cada modalidade esportiva.

§ 5º É lícito ao atleta profissional recusar-se a competir por organização esportiva quando seus salários, no todo ou em parte, estiverem atrasados em 2 (dois) ou mais meses.

§ 6º VETADO.

§ 7º Ao atleta profissional não nacional de modalidade esportiva poderá ser concedida autorização de trabalho, observadas as exigências da legislação específica, por prazo não excedente a 5 (cinco) anos e correspondente à duração fixada no respectivo contrato especial de trabalho esportivo, permitida a renovação.

§ 8º A organização que administra e regula o esporte na respectiva modalidade será obrigada a exigir da organização esportiva contratante a comprovação da autorização de trabalho concedida ao atleta não nacional emitida pelo Ministério do Trabalho e Emprego, sob pena de cancelamento da inscrição esportiva.

§§ 9º e 10. VETADOS.

Subseção III
DA CESSÃO DE ATLETAS A OUTRA ORGANIZAÇÃO ESPORTIVA

Art. 91. Será facultada a cessão de atleta profissional, desde que este aquiesça, da organização esportiva contratante para outra, durante a vigência de seu contrato especial de trabalho esportivo.

§ 1º A cessão de que trata o *caput* deste artigo consistirá na disponibilização temporária do atleta profissional pela organização esportiva empregadora para prestar trabalho a outra organização, observado que o poder de direção passará à cessionária e o vínculo contratual inicial ficará suspenso.

§ 2º O atleta profissional cedido que estiver com sua remuneração ou valores estabelecidos em contrato de direito de imagem em atraso, no todo ou em parte, por mais de 2 (dois) meses, notificará a organização esportiva cedente para, se quiser, purgar a mora, no prazo de 15 (quinze) dias, não se aplicando, nesse caso, o disposto no § 1º do art. 90 desta Lei.

§ 3º O não pagamento ao atleta de salário e de contribuições previstas em lei por parte da organização esportiva cessionária, por 2 (dois) meses, implicará a rescisão do contrato de cessão e a incidência da cláusula compensatória esportiva nele prevista, a ser paga ao atleta pela organização esportiva cessionária.

§ 4º Se ocorrer a rescisão referida no § 3º deste artigo, o atleta deverá retornar à organização esportiva cedente para cumprir o antigo contrato especial de trabalho esportivo.

§ 5º O contrato de cessão de atleta profissional celebrado entre organizações esportivas poderá prever multa a ser paga pela organização esportiva que descumprir os termos ajustados.

Art. 92. A participação de atletas profissionais em seleções será estabelecida na forma como acordarem a organização esportiva convocadora e a cedente.

§ 1º A organização esportiva convocadora indenizará a cedente dos encargos previstos no contrato de trabalho, pelo período em que durar a convocação do atleta, sem prejuízo de eventuais ajustes celebrados entre este e a organização convocadora.

§ 2º O período de convocação estender-se-á até a reintegração do atleta, apto a exercer sua atividade, à organização esportiva que o cedeu.

Subseção IV
DAS TRANSFERÊNCIAS E CESSÕES INTERNACIONAIS

Art. 93. Na cessão ou na transferência de atleta profissional para organização esportiva estrangeira, serão observadas as normas regulatórias da modalidade esportiva no Brasil a qual se vincula a organização transferente ou cedente.

§ 1º As condições para transferência do atleta profissional para o exterior deverão integrar obrigatoriamente os contratos de trabalho entre o atleta e a organização esportiva brasileira que o contratou.

§ 2º O valor da cláusula indenizatória esportiva internacional originalmente pactuada entre o atleta e a organização cedente, independentemente do pagamento da cláusula indenizatória esportiva nacional, será devido à organização cedente pela cessionária caso esta venha a concretizar transferência internacional do mesmo atleta, em prazo inferior a 3 (três) meses, caracterizando o conluio com a congênere estrangeira.

Subseção V
DOS DIREITOS ECONÔMICOS

Art. 94. Entende-se por direitos econômicos todo e qualquer resultado ou proveito econômico oriundo da transferência, temporária ou definitiva, do vínculo esportivo de atleta profissional entre organizações esportivas empregadoras, do pagamento de cláusula indenizatória esportiva prevista em contrato especial de trabalho esportivo ou de compensação por rescisão de contrato fixada por órgão ou tribunal competente.

Parágrafo único. A cessão ou a negociação de direitos econômicos dos atletas submetem-se às regras e aos regulamentos próprios de cada organização de administração esportiva e à legislação internacional das federações internacionais esportivas.

Seção IV
DOS CONTRATOS DE INTERMEDIAÇÃO, DE REPRESENTAÇÃO E DE AGENCIAMENTO ESPORTIVOS

Art. 95. Entende-se por agente esportivo a pessoa natural ou jurídica que exerce a atividade de intermediação na celebração de contratos esportivos e no agenciamento de carreiras de atletas.

§ 1º É facultado aos parentes em primeiro grau, ao cônjuge e ao advogado do atleta representar, quando outorgados expressamente, os interesses do atleta na condição de intermediadores do contrato esportivo ou de agenciadores de sua carreira, sem necessidade de registro ou de licenciamento pela organização esportiva de abrangência nacional que administra e regula a respectiva modalidade esportiva em que pretende atuar ou pela federação internacional respectiva.

§ 2º A atuação de intermediação, de representação e de agenciamento esportivo submete-se às regras e aos regulamentos próprios de cada organização de administração esportiva e à legislação internacional das federações internacionais esportivas.

§ 3º A organização de administração do esporte da respectiva modalidade fiscalizará o exercício da profissão de agente esportivo, de modo a coibir a prática de suas funções por pessoas não autorizadas por esta Lei, e informará à Secretaria Especial da Receita Federal do Brasil do Ministério da Fazenda todos os valores envolvidos e pagos na cessão e na transferência dos atletas.

Seção V

Art. 96. VETADO.

Seção VI
DISPOSIÇÕES ESPECÍFICAS AO FUTEBOL

Art. 97. Aplicar-se-ão aos atletas profissionais da modalidade futebol as disposições desta Lei e, especificamente, o seguinte:

I – não poderá a concentração, se conveniente à organização esportiva contratante, ser superior a 3 (três) dias consecutivos por semana, desde que esteja programada qualquer partida, prova ou equivalente, amistosa ou oficial, e deverá o atleta ficar à disposição do empregador por ocasião da realização de competição fora da localidade onde tenha sua sede;

II – poderá ser ampliado o prazo de concentração, independentemente de qualquer pagamento adicional, quando o atleta estiver à disposição da organização que regula a modalidade;

III – não serão devidos acréscimos remuneratórios em razão de períodos de concentração, de viagens, de pré-temporada fora da sede e de participação do atleta em partida, em prova ou equivalente, salvo previsão contratual diversa;

IV – VETADO;

V – serão devidas férias anuais remuneradas de 30 (trinta) dias, acrescidas do abono de férias, ficando a critério da entidade de prática de futebol conceder as férias coincidindo ou não com o recesso das atividades esportivas, admitido ajuste individual entre as partes de forma diversa;

VI – deverá ser observado período de trabalho semanal regular de 44 (quarenta e quatro) horas;

VII – será assegurada, no caso de participação em jogos e em competições realizados em período noturno, remuneração com acréscimo de pelo menos 20% (vinte por cento) sobre a hora diurna, salvo condições mais benéficas previstas em convenção ou acordo coletivo;

VIII – será caracterizada a atividade do atleta profissional da modalidade futebol por remuneração pactuada em contrato especial de trabalho esportivo firmado com organização que se dedique à prática esportiva.

§ 1º Convenção ou acordo coletivo poderá dispor de forma diversa ao estabelecido neste artigo.

§ 2º Disposição contratual ou constante de convenção ou acordo coletivo poderá estender aos atletas profissionais de outras modalidades as previsões deste artigo.

§ 3º Para os efeitos do inciso VII do *caput* deste artigo, considera-se trabalho noturno a participação em jogos e em competições realizados entre as 23h59 (vinte e três horas e cinquenta e nove minutos) de um dia e as 6h59 (seis horas e cinquenta e nove minutos) do dia seguinte.

§ 4º A hora do trabalho noturno será calculada como de 52 (cinquenta e dois) minutos e 30 (trinta) segundos.

Art. 98. No que se refere às disposições específicas aplicáveis aos treinadores profissionais de futebol, considera-se:

I – empregadora: a organização esportiva que, mediante qualquer modalidade de remuneração, utiliza os serviços de treinador profissional de futebol, na forma definida nesta Lei;

II – empregado: o treinador profissional de futebol especificamente contratado por organização esportiva que promove a prática profissional de futebol, com a finalidade de treinar atletas da modalidade, ministrando-lhes técnicas e regras de futebol, com o objetivo de assegurar-lhes conhecimentos táticos e técnicos suficientes para a prática desse esporte.

§ 1º Da anotação do contrato de trabalho do treinador profissional de futebol na carteira profissional, deverá obrigatoriamente constar:

I – o prazo de vigência, o qual, em nenhuma hipótese, poderá ser inferior a 6 (seis) meses ou superior a 2 (dois) anos;

II – o salário, as gratificações e as bonificações.

§ 2º Os prêmios por performance ou resultado, o direito de imagem e o valor das luvas, caso ajustadas, não possuem natureza salarial e constarão de contrato avulso de natureza exclusivamente civil.

§ 3º O contrato de trabalho será registrado no prazo improrrogável de 10 (dez) dias na organização que regula o futebol, não constituindo o registro, contudo, condição de validade do referido contrato.

§ 4º O treinador profissional de futebol somente poderá atuar pela organização esportiva empregadora após registro e publicação de seu nome em boletim informativo ou em documento similar por parte da organização que administra e regula a modalidade esportiva.

§ 5º Aplica-se ao treinador profissional de futebol a legislação do trabalho e da previdência social, ressalvadas as incompatibilidades com as disposições desta Lei.

Seção VII
DO CONTRATO DE FORMAÇÃO ESPORTIVA

Subseção I
DAS CARACTERÍSTICAS DO CONTRATO DE FORMAÇÃO ESPORTIVA

Art. 99. A organização esportiva formadora de atleta terá o direito de assinar com ele, a partir de 16 (dezesseis) anos de idade, o primeiro contrato especial de trabalho esportivo, cujo prazo não poderá ser superior a 3 (três) anos para a prática do futebol e a 5 (cinco) anos para outros esportes.

§ 1º Considera-se formadora de atleta a organização esportiva que:

I – forneça aos atletas programas de treinamento nas categorias de base e complementação educacional; e

II – satisfaça cumulativamente os seguintes requisitos:

a) tenha inscrito o atleta em formação na respectiva organização esportiva que administra e regula a modalidade há, pelo menos, 1 (um) ano;

b) comprove que, efetivamente, o atleta em formação está inscrito em competições oficiais;

c) garanta ao atleta em formação assistência educacional, psicológica, médica, fisioterapêutica e odontológica, bem como alimentação, transporte e convivência familiar;

d) mantenha, quando tiver alojamento de atletas, instalações de moradia adequadas, sobretudo quanto a alimentação, higiene, segurança e salubridade;

e) mantenha corpo de profissionais especializados em formação técnico-esportiva;

f) ajuste o tempo destinado à efetiva atividade de formação do atleta, não superior a 4 (quatro) horas por dia, aos horários do currículo escolar ou de curso profissionalizante e propicie a ele a matrícula escolar, com exigência de frequência e de satisfatório aproveitamento;

g) assegure a formação gratuita do atleta, a expensas da organização esportiva contratante;

h) comprove que participa anualmente de competições organizadas por organização esportiva que administra e regula o esporte em, pelo menos, 2 (duas) categorias da respectiva modalidade esportiva;

i) garanta que o período de seleção não coincida com os horários escolares;

j) realize exames médicos admissionais e periódicos, com resultados arquivados em prontuário médico;

k) proporcione ao atleta em formação convivência familiar, com visitas regulares à sua família;

l) ofereça programa contínuo de orientação e suporte contra o abuso e a exploração sexual;

m) qualifique os profissionais que atuam no treinamento esportivo para a atuação preventiva e de proteção aos direitos da criança e do adolescente;

n) institua ouvidoria para receber denúncia de maus-tratos a crianças e adolescentes e de exploração sexual deles;

o) propicie ao atleta em formação a participação em atividades culturais e de lazer, nos horários livres; e *p)* apresente ao Ministério Público dos Estados e do Distrito Federal, anualmente, os laudos técnicos expedidos pelos órgãos e pelas autoridades competentes pela vistoria das condições de segurança dos alojamentos que mantenha para atletas em formação.

§ 2º A organização esportiva nacional que administra e regula o esporte certificará como organização esportiva formadora aquela que, comprovadamente, por meio de laudos de vistoria e de documentos, preencha os requisitos estabelecidos nesta Lei.

§ 3º O atleta não profissional em formação, maior de 14 (quatorze) e menor de 20 (vinte) anos de idade, poderá receber auxílio financeiro da organização esportiva formadora, sob a forma de bolsa de aprendizagem livremente pactuada mediante contrato formal, sem que seja gerado vínculo empregatício entre as partes.

§ 4º No período de formação dos 12 (doze) aos 14 (quatorze) anos é garantido ao atleta menor os direitos a que se refere o § 1º deste artigo, não se exigindo da organização formadora do atleta o disposto nas alíneas *b*, *d* e *h* do inciso II.

§ 5º A organização esportiva formadora fará jus a valor indenizatório se ficar impossibilitada de assinar o primeiro contrato especial de trabalho esportivo por oposição do atleta, ou quando ele se vincular, sob qualquer forma, a outra organização esportiva, sem autorização expressa da organização esportiva formadora, observado o seguinte:

I – o atleta deverá estar regularmente registrado e não poderá ter sido desligado da organização esportiva formadora;

II – a indenização será limitada ao montante correspondente a 200 (duzentas) vezes os gastos comprovadamente efetuados com a formação do atleta, especificados no contrato referido no § 3º deste artigo;

III – o pagamento do valor indenizatório somente poderá ser efetuado por outra organização esportiva e deverá ser efetivado diretamente à organização esportiva formadora no prazo máximo de 15 (quinze) dias, contado da data da vinculação do atleta à nova organização esportiva, para efeito de permitir novo registro em organização esportiva que administra e regula o esporte.

§ 6º O contrato de formação esportiva a que se refere o § 3º deste artigo sempre será firmado na forma escrita e deverá obrigatoriamente incluir:

I – identificação das partes e dos seus representantes legais;

II – duração do contrato;

III – direitos e deveres das partes contratantes, inclusive garantia de seguro de vida e de acidentes pessoais para cobrir as atividades do atleta contratado; e

IV – especificação da natureza das despesas individuais ou coletivas com o atleta em formação, para fins de cálculo da indenização com a formação esportiva.

§ 7º A organização esportiva formadora e detentora do primeiro contrato especial de trabalho esportivo com o atleta por ela profissionalizado terá o direito de preferência para a primeira renovação desse contrato, cujo prazo não poderá ser superior a 3 (três) anos, salvo para equiparação de proposta de terceiro.

§ 8º Para assegurar seu direito de preferência, a organização esportiva formadora e detentora do primeiro contrato especial de trabalho esportivo deverá apresentar, até 45 (quarenta e cinco) dias antes do término do contrato em curso, proposta ao atleta, de cujo teor deverá ser cientificada a organização que administra e regula a respectiva modalidade, indicando as novas condições contratuais e os salários ofertados, devendo o atleta apresentar resposta à organização esportiva formadora, de cujo teor deverá ser notificada a referida organização esportiva que administra e regula a respectiva modalidade, no prazo de 15 (quinze) dias, contado da data do recebimento da proposta, sob pena de aceitação tácita.

§ 9º Na hipótese de outra organização esportiva oferecer proposta mais vantajosa a atleta vinculado à organização esportiva que o formou, dever-se-á observar o seguinte:

I – a organização proponente deverá apresentar à organização esportiva formadora proposta da qual deverão constar todas as condições remuneratórias;

II – a organização proponente deverá dar conhecimento da proposta à organização que regula o respectivo esporte;

III – a organização esportiva formadora poderá, no prazo máximo de 15 (quinze) dias, contado do recebimento da proposta, comunicar se exercerá o direito de preferência de que trata o § 8º deste artigo, nas mesmas condições oferecidas.

§ 10. A organização que regula o esporte deverá publicar o recebimento das propostas de que tratam os §§ 8º e 9º deste artigo nos seus meios oficiais de divulgação no prazo de 5 (cinco) dias, contado da data do recebimento.

§ 11. Caso a organização esportiva formadora oferte as mesmas condições e, mesmo assim, o atleta se opuser à renovação do primeiro contrato especial de trabalho esportivo, ela poderá exigir da nova organização esportiva contratante o valor indenizatório correspondente a 200 (duzentas) vezes o valor do salário mensal constante da proposta.

§ 12. A contratação do atleta em formação será feita diretamente pela organização esportiva formadora, vedada a realização por meio de terceiros.

§ 13. A organização esportiva formadora deverá registrar o contrato de formação esportiva do atleta em formação na organização esportiva que administra e regula a respectiva modalidade.

§ 14. Somente poderá manter alojamento para os atletas em formação a organização esportiva formadora certificada na forma do § 2º deste artigo.

§ 15. VETADO.

§ 16. O atleta em formação menor de 14 (quatorze) anos poderá desligar-se a qualquer tempo da organização esportiva formadora, mesmo que se vincule a outra organização esportiva, sem que haja a cobrança de qualquer tipo de multa ou outros valores a título de indenização.

§ 17. O disposto nas alíneas *h* e *o* do inciso II do § 1º deste artigo será obrigatório exclusivamente para atletas e entidades de prática profissional da modalidade de futebol.

Art. 100. A fiscalização do cumprimento das normas de que trata o § 1º do art. 99 desta Lei será realizada de forma contínua e ficará a cargo do conselho tutelar a que se refere o art. 131 da Lei nº 8.069, de 13 de julho de 1990 (Estatuto da Criança e do Adolescente), da organização que administra e regula a modalidade esportiva e do Ministério Público do Trabalho, sem prejuízo das atribuições dos demais órgãos e instituições fiscalizadores, no que lhes couber.

Art. 101. Aos atletas em formação são garantidos os seguintes direitos, além dos existentes na Lei nº 8.069, de 13 de julho de 1990 (Estatuto da Criança e do Adolescente), e na Lei nº 12.852, de 5 de agosto de 2013 (Estatuto da Juventude):

I – participação em programas de treinamento nas categorias de base;

II – treinamento com corpo de profissionais especializados em formação técnico-esportiva;

III – segurança nos locais de treinamento;

IV – assistência educacional, complementação educacional e auxílio com material didático-escolar;

V – tempo, não superior a 4 (quatro) horas diárias, destinado à efetiva atividade de formação do atleta;

VI – matrícula escolar;

VII – assistência psicológica, médica, odontológica, farmacêutica e fisioterapêutica;

VIII – alimentação suficiente, saudável e adequada à faixa etária;

IX – garantia de transporte adequado para o deslocamento de ida e volta entre sua residência e o local de treinamento.

§ 1º A organização esportiva formadora proporcionará ao atleta em formação que morar em alojamento por ela mantido:

I – instalações físicas certificadas pelos órgãos e pelas autoridades competentes com relação à habitabilidade, à higiene, à salubridade e às medidas de prevenção e combate a incêndio e a desastres;

II – assistência de monitor responsável durante todo o dia;

III – convivência familiar;

IV – participação em atividades culturais e de lazer, nos horários livres;

V – assistência religiosa àqueles que a desejarem, de acordo com suas crenças.

§ 2º A organização esportiva formadora apresentará ao Ministério Público dos Estados e do Distrito Federal e à organização que administra e regula a modalidade esportiva, anualmente, os laudos técnicos expedidos pelos órgãos e pelas autoridades competentes pela vistoria das condições de segurança dos alojamentos que mantiver para atletas em formação.

§ 3º O não cumprimento do disposto no § 2º deste artigo implicará suspensão imediata da certificação como organização esportiva formadora.

§ 4º O não cumprimento das garantias aos atletas em formação previstas neste artigo implicará a aplicação de penalidades progressivas, na seguinte forma:

I – advertência para promover a regularização no prazo de 60 (sessenta) dias;

II – perda da certificação como organização esportiva formadora, não fazendo jus ao percentual estipulado no art. 102 desta Lei referente a todos os atletas que estejam em seu quadro de formação no momento do descumprimento, de forma definitiva, com averbação da penalidade no respectivo registro perante a organização que administra e regula a modalidade esportiva;

III – suspensão da organização esportiva formadora de participação em competições oficiais a partir da temporada seguinte.

§ 5º A organização esportiva formadora e seus dirigentes respondem pelos prejuízos causados a atleta em formação que decorram de falhas de segurança nos locais de treinamento e nos alojamentos.

§ 6º A organização esportiva formadora oferecerá à família do atleta em formação documento no qual se responsabiliza por sua segurança e integridade física, durante o período em que o atleta estiver sob sua responsabilidade, em suas instalações ou em outro local.

Subseção II
DO MECANISMO DE SOLIDARIEDADE NA FORMAÇÃO ESPORTIVA

Art. 102. Sempre que ocorrer transferência nacional, definitiva ou temporária, de atleta profissional, até 6% (seis por cento) do valor pago pela nova organização esportiva serão obrigatoriamente distribuídos entre as organizações esportivas que contribuíram para a formação do atleta, na proporção de:

I – 0 5% (cinco décimos por cento) para cada ano de formação, dos 12 (doze) aos 13 (treze) anos de idade;

II – 1% (um por cento) para cada ano de formação, dos 14 (quatorze) aos 17 (dezessete) anos de idade, inclusive; e

III – 0,5% (cinco décimos por cento) para cada ano de formação, dos 18 (dezoito) aos 19 (dezenove) anos de idade, inclusive.

§ 1º Caberá à organização esportiva cessionária do atleta reter do valor a ser pago à organização esportiva cedente 6% (seis por cento) do valor acordado para a transferência e distribuí-los às organizações esportivas que contribuíram para a formação do atleta.

§ 2º Como exceção à regra estabelecida no § 1º deste artigo, caso o atleta se desvincule da organização esportiva de forma unilateral, mediante pagamento da cláusula indenizatória esportiva prevista no inciso I do *caput* do art. 86 desta Lei, caberá à organização esportiva que recebeu a cláusula indenizatória esportiva distribuir 6% (seis por cento) de tal montante às organizações esportivas responsáveis pela formação do atleta.

§ 3º O percentual devido às organizações esportivas formadoras do atleta deverá ser calculado sempre de acordo com certidão a ser fornecida pela organização esportiva que regula o esporte nacionalmente, cabendo a esta exigir o cumprimento do disposto neste parágrafo, e os valores deverão ser distribuídos proporcionalmente em até 30 (trinta) dias da efetiva transferência.

CAPÍTULO III

Seção I

Arts. 103 e 104. VETADOS.

Seção II

Subseção I

Arts. 105 a 108. VETADOS.

Subseção II

Arts. 109 e 110. VETADOS.

Subseção III

Art. 111. VETADO.

Subseção IV

Arts. 112 a 114. VETADOS.

Subseção V

Art. 115. VETADO.

Subseção VI

Arts. 116 a 118. VETADOS.

Subseção VII

Arts. 119 e 120. VETADOS.

Subseção VIII

Arts. 121 a 126. VETADOS.

Seção III

Arts. 127 a 139. VETADOS.

Art. 140. A divulgação das atividades, dos bens ou dos serviços resultantes de projetos esportivos, culturais e de produção audiovisual e artística financiados com recursos públicos mencionará o apoio institucional com a inserção da Bandeira Nacional, nos termos da Lei nº 5.700, de 1º de setembro de 1971.

Art. 141. VETADO.

CAPÍTULO IV
DAS RELAÇÕES DE CONSUMO NOS EVENTOS ESPORTIVOS

Seção I
DISPOSIÇÕES GERAIS

Art. 142. As relações de consumo em eventos esportivos regulam-se especialmente por esta Lei, sem prejuízo da aplicação das normas gerais de proteção ao consumidor.

§ 1º Para os efeitos desta Lei e para fins de aplicação do disposto na Lei nº 8.078, de 11 de setembro de 1990 (Código de Defesa do Consumidor), consideram-se consumidor o espectador do evento esportivo, torcedor ou não, que tenha adquirido o direito de ingressar no local onde se realiza o referido evento e fornecedora a organização esportiva responsável pela organização da competição em conjunto com a organização esportiva detentora do mando de campo, se pertinente, ou, alternativamente, as duas organizações esportivas competidoras, bem como as demais pessoas naturais ou jurídicas que detenham os direitos de realização da prova ou partida.

§ 2º As organizações esportivas que administram e regulam modalidade esportiva em âmbito nacional caracterizam-se como fornecedoras relativamente a eventos esportivos por elas organizados, ainda que o cumprimento das tarefas materiais locais a eles pertinentes seja incumbência de terceiros ou de outras organizações esportivas.

Seção II
DOS DIREITOS DO ESPECTADOR

Subseção I
DOS INGRESSOS

Art. 143. É direito do espectador que os ingressos para as partidas integrantes de competições em que compitam atletas profissionais sejam colocados à venda até 48 (quarenta e oito) horas antes do início da partida correspondente.

§ 1º A venda deverá ser realizada por sistema que assegure a sua agilidade e o amplo acesso à informação.

§ 2º É assegurado ao espectador o fornecimento de comprovante de pagamento, logo após a aquisição dos ingressos.

§ 3º Não será exigida, em qualquer hipótese, a devolução do comprovante referido no § 2º deste artigo.

§ 4º Nas partidas que compõem as competições de âmbito nacional ou regional de primeira e segunda divisões, a venda de ingressos será realizada em, no mínimo, 5 (cinco) postos de venda localizados em distritos diferentes da cidade, exceto se a venda de ingressos pela internet suprir com eficiência a venda em locais físicos.

Art. 144. A organização esportiva que administra a competição e a organização de prática esportiva mandante da partida, prova ou equivalente, implementarão, na sistematização da emissão e venda de ingressos, sistema de segurança contra falsificações, fraudes e outras práticas que contribuam para a evasão da receita decorrente do evento esportivo.

Parágrafo único. VETADO.

Art. 145. São direitos do espectador do evento esportivo:

I – que todos os ingressos emitidos sejam numerados; e

II – ocupar o local correspondente ao número constante do ingresso.

§ 1º O disposto no inciso II do *caput* deste artigo não se aplica aos locais já existentes para assistência em pé, nas competições que o permitirem, limitando-se, nesses locais, o número de pessoas, de acordo com critérios de saúde, de segurança e de bem-estar.

§ 2º A emissão de ingressos e o acesso à arena esportiva nas provas ou nas partidas que reúnam mais de 20.000 (vinte mil) pessoas deverão ser realizados por meio de sistema eletrônico que viabilize a fiscalização e o controle da quantidade de público e do movimento financeiro da partida.

§ 3º É direito do espectador que conste do ingresso o preço pago por ele.

§ 4º Os valores estampados nos ingressos destinados a um mesmo setor da arena esportiva não podem ser diferentes entre si nem daqueles divulgados antes da prova ou partida pelos responsáveis pelo evento.

§ 5º O disposto no § 4º deste artigo não se aplica aos casos de venda antecipada de carnê para um conjunto de, no mínimo, 3 (três) partidas de uma mesma equipe, bem como de venda de ingresso com redução de preço decorrente de previsão legal.

Subseção II
DA SEGURANÇA NAS ARENAS ESPORTIVAS E DO TRANSPORTE PÚBLICO

Art. 146. O espectador tem direito a segurança nos locais onde são realizados os eventos esportivos antes, durante e após a realização das provas ou partidas.

Parágrafo único. Deve ser assegurada acessibilidade ao espectador com deficiência ou com mobilidade reduzida.

Art. 147. Os responsáveis pela organização da competição apresentarão à Autoridade Nacional para Prevenção e Combate à Violência e à Discriminação no Esporte (ANESPORTE) e ao Ministério Público dos Estados e do Distrito Federal, previamente à sua realização, os laudos técnicos expedidos pelos órgãos e pelas autoridades competentes pela vistoria das condições de segurança das arenas esportivas a serem utilizadas na competição.

§ 1º Os laudos atestarão a real capacidade de público das arenas esportivas, bem como suas condições de segurança.

§ 2º Será proibida de competir em arenas esportivas localizadas no mesmo Município de sua sede e na respectiva região metropolitana, por até 6 (seis) meses, sem prejuízo das demais sanções cabíveis, a organização esportiva que:

I – tenha colocado à venda número de ingressos maior do que a capacidade de público da arena esportiva;

II – tenha permitido o acesso de pessoas em número maior do que a capacidade de público da arena esportiva;

III – tenha disponibilizado locais de acesso à arena esportiva em número inferior ao recomendado pela autoridade pública.

Art. 148. O controle e a fiscalização do acesso do público a arena esportiva com capacidade para mais de 20.000 (vinte mil) pessoas deverão contar com meio de monitoramento por imagem das catracas e com identificação biométrica dos espectadores, assim como deverá haver central técnica de informações, com infraestrutura suficiente para viabilizar o monitoramento por imagem do público presente e o cadastramento biométrico dos espectadores.

Parágrafo único. O disposto no *caput* deste artigo deverá ser implementado no prazo máximo de até 2 (dois) anos a contar da entrada em vigor desta Lei.

Art. 149. Sem prejuízo do disposto nos arts. 12, 13 e 14 da Lei nº 8.078, de 11 de setembro de 1990 (Código de Defesa do Consumidor), a responsabilidade pela segurança do espectador em evento esportivo será da organização esportiva diretamente responsável pela realização do evento esportivo e de seus dirigentes, que deverão:

I – solicitar ao poder público competente a presença de agentes públicos de segurança, devidamente identificados, responsáveis pela segurança dos espectadores dentro e fora dos estádios e dos demais locais de realização de eventos esportivos;

II – informar imediatamente após a decisão acerca da realização da partida, entre outros, aos órgãos públicos de segurança, de transporte e de higiene os dados necessários à segurança do evento, especialmente:

a) o local;

b) o horário de abertura da arena esportiva;

c) a capacidade de público da arena esportiva;

d) a expectativa de público;

III – colocar à disposição do espectador orientadores e serviço de atendimento para que ele encaminhe suas reclamações no momento do evento, em local:

a) amplamente divulgado e de fácil acesso, especialmente pela internet; e

b) situado na arena;

IV – disponibilizar 1 (um) médico e 2 (dois) profissionais de enfermagem, devidamente registrados nos respectivos conselhos profissionais, para cada 10.000 (dez mil) torcedores presentes ao evento;

V – comunicar previamente à autoridade de saúde a realização do evento.

§ 1º O detentor do direito de arena ou similar deverá disponibilizar 1 (uma) ambulância para cada 10.000 (dez mil) torcedores presentes ao evento.

§ 2º A organização esportiva diretamente responsável pela promoção do evento deverá solucionar imediatamente, sempre que possível, as reclamações dirigidas ao serviço de atendimento referido no inciso III do *caput* deste artigo, bem como reportá-las ao ouvidor da competição, e, nos casos relacionados à violação de direitos e interesses de consumidores, aos órgãos de proteção e defesa do consumidor.

Art. 150. É dever da organização esportiva responsável pela organização da competição:

I – confirmar, com até 48 (quarenta e oito) horas de antecedência, o horário e o local da realização das provas ou das partidas para as quais a definição das equipes dependa de resultado anterior;

II – contratar seguro de acidentes pessoais, cujo beneficiário será o espectador portador de ingresso, válido a partir do momento em que ingressar no estádio.

Art. 151. É direito do espectador a implementação de planos de ação referentes a segurança, a transporte e a contingências durante a realização de eventos esportivos com público superior a 20.000 (vinte mil) pessoas.

§ 1º Os planos de ação de que trata o *caput* deste artigo serão elaborados pela organização esportiva responsável pela realização da competição, com a participação das organizações esportivas que a disputarão e dos órgãos das localidades em que se realizarão as partidas da competição responsáveis pela segurança pública, pelo transporte e por eventuais contingências.

§ 2º Planos de ação especiais poderão ser apresentados em relação a eventos esportivos com excepcional expectativa de público.

§ 3º Os planos de ação serão divulgados no sítio eletrônico dedicado à competição, no mesmo prazo de publicação de seu regulamento definitivo.

Art. 152. As organizações esportivas regionais responsáveis diretamente pela realização da prova ou da partida, bem como seus dirigentes, responderão solidariamente com as organizações esportivas que disputarão a prova ou a partida e seus dirigentes, independentemente de culpa, pelos prejuízos causados ao espectador decorrentes de falhas de segurança nos estádios ou da inobservância do disposto neste Capítulo.

Art. 153. VETADO.

Art. 154. Em relação ao transporte de espectadores para eventos esportivos, ficam a eles assegurados:

I – acesso a transporte seguro e organizado;

II – ampla divulgação das providências tomadas em relação ao acesso ao local do evento esportivo, em transporte público ou privado;

III – organização das imediações da arena esportiva em que será realizado o evento, bem como de suas entradas e saídas, de modo a viabilizar, sempre que possível, o acesso seguro e rápido ao evento, na entrada, e aos meios de transporte, na saída.

Art. 155. A organização esportiva responsável pela organização da competição e a organização esportiva que detém o direito sobre a realização da prova ou da partida solicitarão formalmente, de forma direta ou mediante convênio, ao poder público competente:

I – serviços de estacionamento para uso por espectadores durante a realização de eventos esportivos, assegurado a eles acesso a serviço organizado de transporte para a arena esportiva, ainda que oneroso;

II – meio de transporte, ainda que oneroso, para condução de idosos, de crianças e de pessoas com deficiência física às arenas esportivas, com partida de locais de fácil acesso previamente determinados.

Parágrafo único. Ficará dispensado o cumprimento do disposto neste artigo quando se tratar de evento esportivo realizado em arena com capacidade inferior a 10.000 (dez mil) pessoas.

Subseção III
DA ALIMENTAÇÃO E DA HIGIENE

Art. 156. O espectador de eventos esportivos tem direito à higiene e à qualidade das instalações físicas das arenas esportivas e dos produtos alimentícios vendidos no local.

§ 1º O poder público, por meio de seus órgãos de vigilância sanitária, deve verificar o cumprimento do disposto neste artigo, na forma da legislação em vigor.

§ 2º É vedado impor preços excessivos ou aumentar sem justa causa os preços dos produtos alimentícios comercializados no local de realização do evento esportivo.

Art. 157. É direito do espectador que as arenas esportivas possuam sanitários em número compatível com sua capacidade de público, em plenas condições de limpeza e funcionamento.

Parágrafo único. Os laudos de que trata o art. 147 desta Lei devem aferir o número de sanitários em condições de uso, e deve ser emitido parecer sobre a sua compatibilidade com a capacidade de público do estádio.

Subseção IV
DAS CONDIÇÕES DE ACESSO E DE PERMANÊNCIA DO ESPECTADOR NAS ARENAS ESPORTIVAS

Art. 158. São condições de acesso e de permanência do espectador no recinto esportivo, independentemente da forma de seu ingresso, sem prejuízo de outras condições previstas em lei:

I – estar na posse de ingresso válido;

II – não portar materiais que possam ser utilizados para a prática de atos de violência;

III – consentir com a revista pessoal de prevenção e segurança;

IV – não portar ou ostentar cartazes, bandeiras, símbolos ou outros sinais com mensagens ofensivas, ou entoar cânticos que atentem contra a dignidade da pessoa humana, especialmente de caráter racista, homofóbico, sexista ou xenófobo;

V – não arremessar objetos de qualquer natureza no interior do recinto esportivo;

VI – não portar ou utilizar fogos de artifício ou quaisquer outros engenhos pirotécnicos ou produtores de efeitos análogos;

VII – não incitar e não praticar atos de violência no estádio, qualquer que seja a sua natureza;

VIII – não invadir e não incitar a invasão, de qualquer forma, da área restrita aos competidores;

IX – não estar embriagado ou sob efeito de drogas;

X – não utilizar bandeiras, inclusive com mastro de bambu ou similares, para outros fins que não seja o de manifestação festiva e amigável;

XI – VETADO;

XII – para espectador com mais de 16 (dezesseis) anos de idade, estar devidamente cadastrado no sistema de controle biométrico para efeito do art. 148 desta Lei.

Parágrafo único. O não cumprimento das condições estabelecidas neste artigo implicará a impossibilidade de acesso do espectador ao recinto esportivo ou, se for o caso, o seu afastamento imediato do recinto, sem prejuízo de outras sanções administrativas, civis ou penais eventualmente cabíveis.

CAPÍTULO V
DOS MEIOS DE DIFUSÃO DOS EVENTOS ESPORTIVOS

Seção I
DISPOSIÇÕES GERAIS

Art. 159. A difusão de imagens captadas em eventos esportivos é passível de exploração comercial.

Art. 160. Pertence às organizações esportivas mandantes o direito de arena, que consiste no direito de exploração e comercialização de difusão de imagens, abrangendo a prerrogativa privativa de negociar, de autorizar ou de proibir a captação, a fixação, a emissão, a transmissão, a retransmissão e a reprodução de imagens, por qualquer meio ou processo, de evento esportivo de que participem.

§ 1º VETADO.

§ 2º O pagamento da verba de que trata o § 1º deste artigo será realizado por intermédio dos sindicatos das respectivas categorias, que serão responsáveis pelo recebimento e pela logística de repasse aos participantes do evento, no prazo de até 72 (setenta e duas) horas, contado do recebimento das verbas pelo sindicato.

§ 3º É facultado à organização esportiva detentora do direito de arena e dos direitos comerciais inerentes ao evento esportivo cedê-los no todo ou em parte, por meio de documento escrito, a outras organizações esportivas que regulam a modalidade e organizam competições.

§ 4º Na hipótese prevista no § 3º deste artigo, pertence às organizações esportivas responsáveis pela organização da competição o direito de autorizar ou de proibir a captação, a fixação, a emissão, a transmissão, a retransmissão e a reprodução de imagens, por qualquer meio ou processo, de eventos esportivos compreendidos em quaisquer das competições por elas organizadas, bem como de autorizar ou de proibir a exploração comercial de nome, de símbolos, de marcas, de publicidade estática e das demais propriedades inerentes às competições que organizem.

§ 5º Fica vedada a prática de proveito publicitário indevido e ilegítimo, obtido mediante o emprego de qualquer artifício ou ardil, sem amparo em contrato regular celebrado entre partes legítimas e com objeto lícito e sem a prévia concordância dos titulares dos direitos envolvidos.

§ 6º Na hipótese de realização de eventos esportivos sem definição do mando de jogo, a captação, a fixação, a emissão, a transmissão, a retransmissão e a reprodução de imagens, por qualquer meio ou processo, dependerão da anuência das organizações esportivas participantes.

§ 7º As disposições deste artigo não se aplicam a contratos que tenham por objeto direitos de transmissão celebrados previamente à vigência desta Lei, os quais permanecem regidos pela legislação em vigor na data de sua celebração.

§ 8º Os contratos referidos no § 7º deste artigo não podem atingir as organizações esportivas que não cederam seus direitos de transmissão a terceiros previamente à vigência desta Lei, as quais poderão cedê-los livremente, conforme as disposições previstas no *caput* deste artigo.

§ 9º Não constitui prática de proveito econômico indevido ou ilegítimo a veiculação, pelas empresas detentoras de concessão, de permissão ou de autorização para exploração de serviço de radiodifusão sonora e de sons e imagens, bem como de televisão por assinatura, da própria marca e a de seus canais e dos títulos de seus programas nos uniformes de competições das entidades esportivas e nos demais meios de comunicação que se localizem nas instalações dos recintos esportivos.

Art. 161. A difusão de imagens de eventos esportivos na rede mundial de computadores deve respeitar as disposições deste Capítulo.

Seção II
DOS DIREITOS DE DIFUSÃO DE IMAGENS

Art. 162. A comercialização de direitos de difusão de imagens de eventos esportivos deve resguardar os seguintes princípios:

I – o interesse público na difusão dos eventos esportivos do modo mais abrangente possível;

II – o direito do torcedor de acompanhar a organização esportiva, a competição e os atletas de seu interesse;

III – a liberdade de comunicação;

IV – a liberdade de mercado;

V – a livre concorrência e a prevenção às práticas de mercado anticompetitivas;

VI – a integridade do esporte, a igualdade entre os competidores e a solidariedade esportiva;

VII – a proteção da empresa nacional e da produção de conteúdo próprio local.

Seção III
DA DISPONIBILIZAÇÃO DE IMAGENS PARA FINS JORNALÍSTICOS

Art. 163. O detentor dos direitos de difusão de imagens de eventos esportivos é obrigado a disponibilizar, em prazo não superior a 2 (duas) horas após o término do evento esportivo, imagens de parcela dos eventos aos veículos de comunicação interessados em sua retransmissão para fins exclusivamente jornalísticos, observado o seguinte:

I – a retransmissão destina-se à inclusão em noticiário, após a realização da partida ou do evento esportivo, sempre com finalidade informativa, proibida a associação de parcela de imagens a qualquer forma de patrocínio, de promoção, de publicidade ou de atividade de marketing;

II – a duração da exibição das imagens disponibilizadas restringe-se a 3% (três por cento) do tempo da prova ou da partida, limitada a 30 (trinta) segundos, exceto quando o evento tiver duração inferior, vedada a exibição por mais de uma vez por programa no qual as imagens sejam inseridas e quando ultrapassar 1 (um) ano da data de captação das imagens;

III – os veículos de comunicação interessados devem comunicar ao detentor dos direitos a intenção de ter acesso ao conteúdo das imagens disponibilizadas da prova ou da partida, por escrito, em até 72 (setenta e duas) horas antes do evento;

IV – a retransmissão deve ocorrer somente na programação dos canais distribuídos exclusivamente no território nacional.

Parágrafo único. O disposto no *caput* e no inciso III deste artigo não se aplica aos casos em que o detentor dos direitos de difusão de imagens de eventos esportivos autorizar o organizador do evento a reservar espaço na arena para que os não detentores de direitos realizem a captação das imagens para a exibição de flagrante de espetáculo ou evento esportivo.

Seção IV
DO DIREITO À EXPLORAÇÃO DA IMAGEM DO ATLETA

Art. 164. O direito ao uso da imagem do atleta profissional ou não profissional pode ser por ele cedido ou explorado por terceiros, inclusive por pessoa jurídica da qual seja sócio, mediante ajuste contratual de natureza civil e com fixação de direitos, deveres e condições inconfundíveis com o contrato especial de trabalho esportivo.

§ 1º Não há impedimento a que o atleta empregado, concomitantemente à existência de contrato especial de trabalho esportivo, ceda seu direito de imagem à organização esportiva empregadora, mas a remuneração pela cessão de direito de imagem não substitui a remuneração devida quando configurada a relação de emprego entre o atleta e a organização esportiva contratante.

§ 2º A remuneração devida a título de imagem ao atleta pela organização esportiva não poderá ser superior a 50% (cinquenta por cento) de sua remuneração.

§ 3º A utilização da imagem do atleta pela organização esportiva poderá ocorrer, durante a vigência do vínculo esportivo e contratual, das seguintes formas, entre outras:

I – divulgação da imagem do atleta no sítio eletrônico da organização e nos demais canais oficiais de comunicação, tais como redes sociais, revistas e vídeos institucionais;

II – realização de campanhas de divulgação da organização esportiva e de sua equipe competitiva;
III – participação nos eventos de lançamento da equipe e comemoração dos resultados.

§ 4º Deve ser efetivo o uso comercial da exploração do direito de imagem do atleta, de modo a se combater a simulação e a fraude.

§ 5º Fica permitida a exploração da imagem dos atletas e dos membros das comissões técnicas, de forma coletiva, assim considerada, no mínimo, 3 (três) atletas ou membros das respectivas comissões técnicas agrupados, em atividade profissional, em campo ou fora dele, captada no contexto das atividades esportivas e utilizada para fins promocionais, institucionais e de fomento ao esporte, pelas organizações que administram e regulam o esporte e pelas organizações que se dediquem à prática esportiva, respeitado o disposto neste artigo no que se refere ao direito de imagem de cada atleta e membro da comissão técnica, quando individualmente considerados.

CAPÍTULO VI

DOS CRIMES CONTRA A ORDEM ECONÔMICA ESPORTIVA

SEÇÃO I

DO CRIME DE CORRUPÇÃO PRIVADA NO ESPORTE

Art. 165. Exigir, solicitar, aceitar ou receber vantagem indevida, como representante de organização esportiva privada, para favorecer a si ou a terceiros, direta ou indiretamente, ou aceitar promessa de vantagem indevida, a fim de realizar ou de omitir ato inerente às suas atribuições:

Pena – reclusão, de 2 (dois) a 4 (quatro) anos, e multa.

Parágrafo único. Nas mesmas penas incorre quem oferece, promete, entrega ou paga, direta ou indiretamente, ao representante da organização esportiva privada, vantagem indevida.

SEÇÃO II

DOS CRIMES NA RELAÇÃO DE CONSUMO EM EVENTOS ESPORTIVOS

Art. 166. Vender ou portar para venda ingressos de evento esportivo, por preço superior ao estampado no bilhete:

Pena – reclusão, de 1 (um) a 2 (dois) anos, e multa.

Art. 167. Fornecer, desviar ou facilitar a distribuição de ingressos para venda por preço superior ao estampado no bilhete:

Pena – reclusão, de 2 (dois) a 4 (quatro) anos, e multa.

Parágrafo único. A pena será aumentada de 1/3 (um terço) até a metade se o agente for servidor público, dirigente ou funcionário de organização esportiva que se relacione com a promoção do evento ou competição, de empresa contratada para o processo de emissão, distribuição e venda de ingressos ou de torcida organizada e se utilizar dessa condição para os fins previstos neste artigo.

SEÇÃO III

DOS CRIMES CONTRA A PROPRIEDADE INTELECTUAL DAS ORGANIZAÇÕES ESPORTIVAS

Utilização indevida de símbolos oficiais

Art. 168. Reproduzir, imitar, falsificar ou modificar indevidamente quaisquer sinais visivelmente distintivos, emblemas, marcas, logomarcas, mascotes, lemas, hinos e qualquer outro símbolo de titularidade de organização esportiva:

Pena – detenção, de 3 (três) meses a 1 (um) ano, ou multa.

Art. 169. Importar, exportar, vender, distribuir, oferecer ou expor à venda, ocultar ou manter em estoque quaisquer sinais visivelmente distintivos, emblemas, marcas, logomarcas, mascotes, lemas, hinos e qualquer outro símbolo de titularidade de organização esportiva ou produtos resultantes de sua reprodução, imitação, falsificação ou modificação não autorizadas para fins comerciais ou de publicidade:

Pena – reclusão, de 2 (dois) a 4 (quatro) anos, e multa.

Marketing de Emboscada por Associação

Art. 170. Divulgar marcas, produtos ou serviços, com o fim de alcançar vantagem econômica ou publicitária, por meio de associação com sinais visivelmente distintivos, emblemas, marcas, logomarcas, mascotes, lemas, hinos e qualquer outro símbolo de titularidade de organização esportiva, sem sua autorização ou de pessoa por ela indicada, induzindo terceiros a acreditar que tais marcas, produtos ou serviços são aprovados, autorizados ou endossados pela organização esportiva titular dos direitos violados:

Pena – detenção, de 3 (três) meses a 1 (um) ano, ou multa.

Parágrafo único. Na mesma pena incorre quem, sem autorização da organização esportiva promotora de evento esportivo ou de pessoa por ela indicada, vincular o uso de ingressos, de convites ou de qualquer espécie de autorização de acesso aos eventos esportivos a ações de publicidade ou a atividades comerciais, com o intuito de obter vantagem econômica.

Marketing de Emboscada por Intrusão

Art. 171. Expor marcas, negócios, estabelecimentos, produtos ou serviços ou praticar atividade promocional, não autorizados pela organização esportiva proprietária ou por pessoa por ela indicada, atraindo de qualquer forma a atenção pública nos locais da ocorrência de eventos esportivos, com o fim de obter vantagem econômica ou publicitária:

Pena – detenção, de 3 (três) meses a 1 (um) ano, ou multa.

Art. 172. Nos crimes previstos nesta Seção, somente se procede mediante representação da organização esportiva titular dos direitos violados, com exceção do crime previsto no art. 169 desta Lei, em que a ação é pública incondicionada.

TÍTULO III - DA INTEGRIDADE ESPORTIVA E DA CULTURA DE PAZ NO ESPORTE

CAPÍTULO I

DA GARANTIA À INCERTEZA DO RESULTADO ESPORTIVO

SEÇÃO I

DISPOSIÇÕES GERAIS

Art. 173. A prática esportiva no nível da excelência esportiva, caracterizada por ser disputada por atletas de alto rendimento esportivo, e a busca pela melhor performance não prejudicam a conformidade com o princípio da igualdade de condições entre os competidores.

Seção II

DA PREVENÇÃO E DO CONTROLE DE DOPAGEM

Art. 174. O controle de dopagem tem por objetivo garantir o direito de os atletas e as organizações participarem de competições livres de dopagem, promover a conservação da saúde e preservar a justiça e a igualdade entre os competidores.

§ 1º O controle de dopagem será realizado por meio de programas harmonizados, coordenados e eficazes em nível nacional e internacional no âmbito da detecção, da punição e da prevenção da dopagem.

§ 2º Considera-se dopagem no esporte a violação de regra antidopagem cometida por atleta, por terceiro ou por organização esportiva.

§ 3º As instituições destinadas à prevenção e ao controle de dopagem deverão observar as disposições do Código Mundial Antidopagem, editado pela Agência Mundial Antidopagem.

Art. 175. A Autoridade Brasileira de Controle de Dopagem (ABCD), órgão vinculado ao Ministério do Esporte, é a organização nacional antidopagem, à qual compete, privativamente:

I – VETADO;

II – coordenar nacionalmente o combate à dopagem no esporte, respeitadas as diretrizes estabelecidas pelo CNE;

III – conduzir os testes de controle de dopagem, durante os períodos de competição e em seus intervalos, a gestão de resultados, as investigações e outras atividades relacionadas à antidopagem, respeitadas as atribuições de organizações internacionais previstas no Código Mundial Antidopagem;

IV – expedir autorizações de uso terapêutico, respeitadas as atribuições de organizações internacionais previstas no Código Mundial Antidopagem;

V – certificar e identificar profissionais, órgãos e entidades para atuar no controle de dopagem;

VI – editar resoluções sobre os procedimentos técnicos de controle de dopagem, observadas as normas previstas no Código Mundial Antidopagem e a legislação correlata;

VII – manter interlocução com os organismos internacionais envolvidos com matérias relacionadas à antidopagem, respeitadas as competências dos demais órgãos da União;

VIII – divulgar e adotar as normas técnicas internacionais relacionadas ao controle de dopagem e a lista de substâncias e métodos proibidos no esporte, editada pela Agência Mundial Antidopagem;

IX – informar à Justiça Desportiva Antidopagem as violações às regras de dopagem, participando do processo na condição de fiscal da legislação antidopagem.

§ 1º A ABCD poderá delegar a competência para a coleta de amostras e a prática dos demais atos materiais relacionados ao controle de dopagem.

§ 2º A ABCD poderá propor ao CNE a edição e as alterações de normas antidopagem, atualizando-as conforme o Código Mundial Antidopagem e as normas expedidas pela Agência Mundial Antidopagem.

Art. 176. Às organizações privadas componentes do SINESP incumbem a adoção, a implementação e a aplicação de regras antidopagem, nos termos estabelecidos nesta Lei e em normas regulamentares expedidas pelo CNE e pela ABCD.

Seção III

DA PREVENÇÃO E DO COMBATE À MANIPULAÇÃO DE RESULTADOS ESPORTIVOS

Art. 177. A prevenção e o combate à manipulação de resultados esportivos têm por objetivo afastar a possibilidade de conluio intencional, ato ou omissão que visem a alteração indevida do resultado ou do curso de competição esportiva, atentando contra a imprevisibilidade da competição, prova ou partida esportiva com vistas à obtenção de benefício indevido para si ou para outros.

Parágrafo único. A administração pública federal estabelecerá parcerias com as organizações esportivas que administram e regulam a prática do esporte para promover mecanismos de monitoramento das competições esportivas com vistas a possibilitar a prevenção e o combate à manipulação de resultados esportivos.

CAPÍTULO II

DO TORCEDOR

Art. 178. Torcedor é toda pessoa que aprecia, apoia ou se associa a qualquer organização esportiva que promove a prática esportiva do País e acompanha a prática de determinada modalidade esportiva, incluído o espectador-consumidor do espetáculo esportivo.

§ 1º É facultado ao torcedor organizar-se em entidades associativas, denominadas torcidas organizadas.

§ 2º Considera-se torcida organizada, para os efeitos desta Lei, a pessoa jurídica de direito privado ou existente de fato que se organiza para fins lícitos, especialmente torcer por organização esportiva de qualquer natureza ou modalidade.

§ 3º Não se confunde a torcida organizada com a organização esportiva por ela apoiada.

§ 4º É obrigatório à torcida organizada manter cadastro atualizado de seus associados ou membros, o qual deverá conter, pelo menos, as seguintes informações:

I – nome completo;

II – fotografia;

III – filiação;

IV – número do registro civil;

V – número de inscrição no Cadastro de Pessoas Físicas (CPF);

VI – data de nascimento;

VII – estado civil;

VIII – profissão;

IX – endereço completo;

X – escolaridade.

§ 5º A torcida organizada responde civilmente, de forma objetiva e solidária, pelos danos causados por qualquer de seus associados ou membros no local do evento esportivo, em suas imediações ou no trajeto de ida e volta para o evento.

§ 6º O dever de reparar o dano, nos termos do § 5º deste artigo, é responsabilidade da própria torcida organizada e de seus dirigentes e membros, que respondem solidariamente, inclusive com o próprio patrimônio.

CAPÍTULO III
DA PROMOÇÃO DA CULTURA DE PAZ NO ESPORTE

SEÇÃO I
DISPOSIÇÕES GERAIS

Art. 179. É obrigação do poder público em todos os níveis, das organizações esportivas, dos torcedores e dos espectadores de eventos esportivos promover e manter a paz no esporte.

Parágrafo único. Os promotores de eventos esportivos, assim considerados todos os envolvidos na organização da referida atividade, respondem pela prevenção da violência nos eventos que promovam.

Art. 180. Os juizados do torcedor, órgãos da justiça comum com competência cível e criminal, poderão ser criados pelos Estados e pelo Distrito Federal para o processamento, o julgamento e a execução das causas decorrentes das atividades reguladas nesta Lei.

SEÇÃO II
DO PLANO NACIONAL PELA CULTURA DE PAZ NO ESPORTE

Art. 181. A administração pública federal direcionará suas atividades à promoção e à manutenção da paz nas atividades esportivas por meio do Plano Nacional pela Cultura de Paz no Esporte, anexo ao PNEsporte.

Parágrafo único. São diretrizes do Plano Nacional pela Cultura de Paz no Esporte:

I – a adoção de medidas preventivas e educativas direcionadas ao controle dos atos de violência relacionados ao esporte;

II – a promoção de atividades que busquem o afastamento do torcedor violento das arenas esportivas e consequente trabalho de reinserção na assistência de eventos esportivos com comportamento pacífico;

III – a permanente difusão de práticas e de procedimentos que promovam a cultura de paz no esporte;

IV – o estabelecimento de procedimentos padronizados de segurança e de resolução de conflitos em eventos esportivos;

V – a valorização da experiência dos juizados do torcedor.

SEÇÃO III
DA AUTORIDADE NACIONAL PARA PREVENÇÃO E COMBATE À VIOLÊNCIA E À DISCRIMINAÇÃO NO ESPORTE (ANESPORTE)

Art. 182. VETADO.

Art. 183. VETADO:

I a III – VETADOS.

§ 1º VETADO.

§ 2º A torcida organizada que em evento esportivo promover tumulto, praticar ou incitar a violência, praticar condutas discriminatórias, racistas, xenófobas, homofóbicas ou transfóbicas ou invadir local restrito aos competidores, aos árbitros, aos fiscais, aos dirigentes, aos organizadores ou aos jornalistas será impedida, bem como seus associados ou membros, de comparecer a eventos esportivos pelo prazo de até 5 (cinco) anos.

§§ 3º a 5º VETADOS.

Art. 184. O disposto no § 5º do art. 178 e no § 2º do art. 183 desta Lei aplica-se à torcida organizada e a seus associados ou membros envolvidos, mesmo que em local ou data distintos dos relativos à competição esportiva, nos casos de:

I – invasão de local de treinamento;

II – confronto, ou induzimento ou auxílio a confronto, entre torcedores;

III – ilícitos praticados contra esportistas, competidores, árbitros, fiscais ou organizadores de eventos esportivos e jornalistas direcionados principal ou exclusivamente à cobertura de competições esportivas, mesmo que no momento não estejam atuando na competição ou diretamente envolvidos com o evento.

SEÇÃO IV

Art. 185. VETADO.

SEÇÃO V

Art. 186. VETADO.

CAPÍTULO IV
DA GARANTIA DA ÉTICA E DO JOGO LIMPO NAS COMPETIÇÕES

SEÇÃO I
DISPOSIÇÕES GERAIS

Art. 187. As organizações esportivas promoverão a prática esportiva com base em padrões éticos e morais que garantam o *fair play* ou jogo limpo nas competições.

Art. 188. Cada organização esportiva de abrangência nacional que administra e regula a respectiva modalidade esportiva deverá criar regulamento de *fair play* financeiro aplicável no âmbito das competições que promover e ao qual se submeterão as organizações esportivas associadas ou filiadas.

Parágrafo único. O regulamento disposto no *caput* deste artigo deverá prever regras e sanções referentes, mas não limitadas, a:

I – equilíbrio financeiro, patrimônio líquido e níveis de endividamento;

II – limites financeiros para contratação de atletas por temporada;

III – limites para aportes financeiros de acionistas; e

IV – garantia de continuidade operacional mediante auditoria externa.

SEÇÃO II

Arts. 189 a 191. VETADOS.

SEÇÃO III
DOS PROCEDIMENTOS REFERENTES AO REGULAMENTO DA COMPETIÇÃO

Art. 192. O regulamento, as tabelas e o nome do ouvidor da competição deverão ser divulgados até 45 (quarenta e cinco) dias antes de seu início.

§ 1º Nos 10 (dez) dias subsequentes à divulgação de que trata o *caput* deste artigo, qualquer interessado poderá manifestar-se sobre o regulamento diretamente ao ouvidor da competição.

§ 2º O ouvidor da competição elaborará em 72 (setenta e duas) horas relatório com as principais propostas e sugestões encaminhadas.

§ 3º Após o exame do relatório, a organização esportiva responsável pela competição decidirá em 48 (quarenta e oito) horas, motivadamente, sobre a conveniência da aceitação das propostas e das sugestões relatadas e as submeterá em seguida, para deliberação por maioria, ao conselho arbitral, que deverá reunir todas as organizações de prática esportiva integrantes da competição.

§ 4º O regulamento definitivo da competição será divulgado 30 (trinta) dias antes de seu início.

§ 5º É vedado proceder a alterações no regulamento da competição desde sua divulgação definitiva, exceto nos seguintes casos:

I – apresentação de novo calendário anual de eventos oficiais para o ano subsequente, desde que aprovado pela maioria das organizações esportivas participantes;

II – transcurso de 2 (dois) anos de vigência do mesmo regulamento, observado o procedimento de que trata este artigo;

III – interrupção das competições por motivo de surtos, de epidemias e de pandemias que possam comprometer a integridade física e o bem-estar dos atletas, desde que aprovada pela maioria das organizações participantes do evento.

Art. 193. A participação de organizações esportivas em competições de responsabilidade das organizações esportivas que administram e regulam a respectiva modalidade dar-se-á em virtude de critério técnico previamente definido, conforme os próprios regulamentos.

§ 1º Para os fins do disposto neste artigo, considera-se critério técnico a habilitação de organização esportiva em razão de colocação obtida em competição anterior.

§ 2º Fica vedada a adoção de qualquer outro critério não previsto no regulamento da respectiva organização esportiva, especialmente o convite.

Art. 194. A arbitragem das competições esportivas será independente, imparcial, previamente remunerada e isenta de pressões.

Art. 195. O árbitro e seus auxiliares deverão entregar, em até 4 (quatro) horas contadas do término da partida, a súmula e os relatórios da partida ao representante da organização responsável pela competição.

Parágrafo único. Em casos excepcionais, de grave tumulto ou de necessidade de laudo médico, os relatórios da partida poderão ser complementados em até 24 (vinte e quatro) horas após o seu término.

Art. 196. A organização esportiva responsável pela competição dará publicidade à súmula e aos relatórios da partida no seu sítio eletrônico até as 14 (quatorze) horas do terceiro dia útil subsequente ao da realização da partida.

Art. 197. Os árbitros de cada partida serão escolhidos de acordo com critérios definidos pelos regulamentos de cada organização que administra e regula a modalidade esportiva.

CAPÍTULO V
DOS CRIMES CONTRA A INTEGRIDADE E A PAZ NO ESPORTE

Seção I
DOS CRIMES CONTRA A INCERTEZA DO RESULTADO ESPORTIVO

Art. 198. Solicitar ou aceitar, para si ou para outrem, vantagem ou promessa de vantagem patrimonial ou não patrimonial para qualquer ato ou omissão destinado a alterar ou falsear o resultado de competição esportiva ou evento a ela associado:

Pena – reclusão, de 2 (dois) a 6 (seis) anos, e multa.

Art. 199. Dar ou prometer vantagem patrimonial ou não patrimonial com o fim de alterar ou falsear o resultado de competição esportiva ou evento a ela associado:

Pena – reclusão, de 2 (dois) a 6 (seis) anos, e multa.

Art. 200. Fraudar, por qualquer meio, ou contribuir para que se fraude, de qualquer forma, o resultado de competição esportiva ou evento a ela associado:

Pena – reclusão, de 2 (dois) a 6 (seis) anos, e multa.

Seção II
DOS CRIMES CONTRA A PAZ NO ESPORTE

Art. 201. Promover tumulto, praticar ou incitar a violência ou invadir local restrito aos competidores ou aos árbitros e seus auxiliares em eventos esportivos:

Pena – reclusão, de 1 (um) a 2 (dois) anos, e multa.

§ 1º Incorrerá nas mesmas penas o torcedor que:

I – promover tumulto, praticar ou incitar a violência em um raio de 5.000 m (cinco mil metros) ao redor do local de realização do evento esportivo ou durante o trajeto de ida e volta do local da realização do evento;

II – portar, deter ou transportar, no interior da arena esportiva, em suas imediações ou no seu trajeto, em dia de realização de evento esportivo, quaisquer instrumentos que possam servir para a prática de violência;

II – participar de brigas de torcidas.

§ 2º Na sentença penal condenatória, o juiz deverá converter a pena de reclusão em pena impeditiva de comparecimento às proximidades da arena esportiva, bem como a qualquer local em que se realize evento esportivo, pelo prazo de 3 (três) meses a 3 (três) anos, de acordo com a gravidade da conduta, na hipótese de o agente ser primário, ter bons antecedentes e não ter sido punido anteriormente pela prática de condutas previstas neste artigo.

§ 3º A pena impeditiva de comparecimento às proximidades da arena esportiva, bem como a qualquer local em que se realize evento esportivo, converter-se-á em privativa de liberdade quando ocorrer o descumprimento injustificado da restrição imposta.

§ 4º Na conversão de pena prevista no § 2º deste artigo, a sentença deverá determinar ainda a obrigatoriedade suplementar de o agente permanecer em estabelecimento indicado pelo juiz, no período compreendido entre as 2 (duas) horas antecedentes e as 2 (duas) horas posteriores à realização de provas ou de partidas de organização esportiva ou de competição determinada.

§ 5º No caso de o representante do Ministério Público propor aplicação da pena restritiva de direito prevista no art. 76 da Lei nº 9.099, de 26 de setembro de 1995, o juiz aplicará a sanção prevista no § 2º deste artigo.

§ 6º A pena prevista neste artigo será aumentada de 1/3 (um terço) até a metade para aquele que organiza ou prepara o tumulto ou incita a sua prática, inclusive nas formas dispostas no § 1º deste artigo, não lhe sendo aplicáveis as medidas constantes dos §§ 2º, 3º, 4º e 5º deste artigo.

§ 7º As penalidades previstas neste artigo serão aplicadas em dobro quando se tratar de casos de racismo no esporte brasileiro ou de infrações cometidas contra as mulheres.

TÍTULO IV - DISPOSIÇÕES FINAIS E TRANSITÓRIAS

Art. 202. VETADO.

Art. 203. Os dirigentes, as unidades ou os órgãos de organizações esportivas inscritas ou não no registro de comércio não exercem função delegada pelo poder público nem são considerados autoridades públicas para os efeitos desta Lei.

Art. 204. As organizações esportivas transnacionais com sede permanente ou temporária no País receberão do poder público o mesmo tratamento dispensado às organizações esportivas nacionais.

Art. 205. Será considerado como efetivo exercício, para todos os efeitos legais, o período em que o atleta servidor público civil ou militar, da administração pública direta ou indireta, autárquica ou fundacional, estiver convocado para integrar representação nacional em treinamento ou em competição esportiva no País ou no exterior.

§ 1º O período de convocação de que trata o *caput* deste artigo será definido pela organização esportiva de âmbito nacional que administra e regula a respectiva modalidade, e caberá a ela, ao COB ou ao CPB fazer a devida comunicação e solicitar ao órgão de origem do servidor civil ou militar a liberação do afastamento do atleta, árbitro ou assistente.

§ 2º O disposto neste artigo aplica-se também aos árbitros, aos treinadores, aos profissionais especializados e aos dirigentes, quando indispensáveis à composição da delegação.

Art. 206. Os sistemas de ensino da União, dos Estados, do Distrito Federal e dos Municípios, bem como as instituições de ensino superior, definirão normas específicas para verificação do rendimento e controle de frequência dos estudantes que integrarem representação esportiva nacional, de forma a harmonizar a atividade esportiva com os interesses relacionados ao aproveitamento e à promoção escolar.

Art. 207. É instituído o Dia Nacional do Esporte, a ser comemorado, anualmente, no dia 23 de junho, Dia Mundial do Esporte Olímpico.

Art. 208. É vedado aos administradores e aos membros de conselho fiscal de organização que se dedica à prática esportiva o exercício de cargo ou função em organização esportiva que administra ou regula as modalidades praticadas por aquela organização.

Art. 209. O atleta classificado como refugiado pelos órgãos competentes e que participe de competições esportivas será equiparado ao nacional, sem necessidade de se submeter ao processo de concessão de autorização de trabalho.

Art. 210. É permitida a alteração da destinação e do uso, bem como o parcelamento dos bens imóveis da organização esportiva, por decisão de sua assembleia geral.

Art. 211. Para todos os efeitos desta Lei, incluem-se as ligas esportivas no conceito de organização esportiva que administra e regula o esporte.

Arts. 212 e 213. VETADOS.

Art. 214. À Sociedade Anônima do Futebol, regida pela Lei nº 14.193, de 6 de agosto de 2021, aplica-se subsidiariamente esta Lei, no que com aquela não for conflitante.

Arts. 215 e 216. VETADOS.

Art. 217. Revogam-se:

I – a Lei nº 8.650, de 20 de abril de 1993;

II – VETADO;

III – a Lei nº 10.671, de 15 de maio de 2003;

IV – a Lei nº 10.891, de 9 de julho de 2004;

V – VETADO;

VI – a Lei nº 12.867, de 10 de outubro de 2013.

Art. 218. Esta Lei entra em vigor na data de sua publicação.

Brasília, 14 de junho de 2023;
202º da Independência e
135º da República.

Luiz Inácio Lula da Silva

ANEXO

Categoria de Atleta	Valor Base Mensal da Bolsa-Atleta
Categoria atleta de base: Atletas de até 19 (dezenove) anos de idade com destaque nas categorias de base do esporte de alto rendimento, que tenham obtido até a terceira colocação nas modalidades individuais de categorias e de eventos previamente indicados pela respectiva organização nacional de administração e regulação da modalidade esportiva ou que tenham sido eleitos entre os 10 (dez) melhores atletas do ano anterior em cada modalidade coletiva, na categoria indicada pela respectiva organização, e que continuem treinando e participando de competições nacionais.	R$ 370,00 (trezentos e setenta reais)
Categoria estudantil: Atletas de até 20 (vinte) anos de idade, que tenham participado de eventos nacionais estudantis reconhecidos pelo Ministério do Esporte e obtido até a terceira colocação nas modalidades individuais ou que tenham sido eleitos entre os 6 (seis) melhores atletas em cada modalidade coletiva do referido evento e que continuem treinando e participando de competições nacionais.	R$ 370,00 (trezentos e setenta reais)

Categoria de Atleta	Valor Base Mensal da Bolsa-Atleta
Categoria atleta nacional: Atletas que tenham participado do evento máximo da temporada nacional ou que integrem o *ranking* nacional da modalidade divulgado oficialmente pela respectiva organização nacional de administração da modalidade, tendo obtido, em ambas as situações, até a terceira colocação, e que continuem treinando e participando de competições nacionais. Os eventos máximos serão indicados pelas respectivas confederações ou associações nacionais da modalidade.	R$ 925,00 (novecentos e vinte e cinco reais)
Categoria atleta internacional: Atletas que tenham integrado a seleção brasileira de sua modalidade esportiva, representando o Brasil em campeonatos sul-americanos, pan-americanos ou mundiais reconhecidos pelo Comitê Olímpico do Brasil (COB), pelo Comitê Paralímpico Brasileiro (CPB), pela Confederação Brasileira de Desportos de Surdos (CBDS) ou pela entidade internacional de administração da modalidade, tendo obtido até a terceira colocação, e que continuem treinando e participando de competições internacionais.	R$ 1.850,00 (mil oitocentos e cinquenta reais)
Categoria atleta olímpico, paralímpico ou surdolímpico: Atletas que tenham integrado as delegações olímpica, paralímpica ou surdolímpica brasileiras de sua modalidade esportiva, que continuem treinando e participando de competições internacionais e que cumpram critérios definidos pelo Ministério do Esporte.	R$ 3.100,00 (três mil e cem reais)
Categoria atleta pódio: Atletas de modalidades olímpicas, paralímpicas e surdolímpicas individuais que estejam entre os 20 (vinte) melhores do mundo em sua prova, segundo *ranking* oficial da entidade internacional de administração da modalidade, e que sejam indicados pelas respectivas organizações nacionais de administração e regulação da modalidade esportiva em conjunto, respectivamente, com o COB, o CPB, a CBDS e com o Ministério do Esporte.	Até R$ 15.000,00 (quinze mil reais)

LEI Nº 14.620/2023
PÁGINA(S): 1374
INSTR.: INSERIR REDAÇÃO

LEI Nº 14.620, DE 13 DE JULHO DE 2023

Dispõe sobre o Programa Minha Casa, Minha Vida, altera o Decreto-Lei nº 3.365, de 21 de junho de 1941 (Lei da Desapropriação), a Lei nº 4.591, de 16 de dezembro de 1964, a Lei nº 6.015, de 31 de dezembro de 1973 (Lei dos Registros Públicos), a Lei nº 6.766, de 19 de dezembro de 1979, a Lei nº 8.036, de 11 de maio de 1990 (Lei do FGTS), a Lei nº 8.677, de 13 de julho de 1993, a Lei nº 9.472, de 16 de julho de 1997, a Lei nº 9.514, de 20 de novembro de 1997, a Lei nº 10.188, de 12 de fevereiro de 2001, a Lei nº 10.406, de 10 de janeiro de 2002 (Código Civil), a Lei nº 10.931, de 2 de agosto de 2004, a Lei nº 11.977, de 7 de julho de 2009, a Lei nº 12.462, de 4 de agosto de 2011, a Lei nº 13.105, de 16 de março de 2015 (Código de Processo Civil), a Lei nº 13.465, de 11 de julho de 2017, a Lei nº 14.063, de 23 de setembro de 2020, a Lei nº 14.133, de 1º de abril de 2021 (Lei de Licitações e Contratos Administrativos), a Lei nº 14.300, de 6 de janeiro de 2022, e a Lei nº 14.382, de 27 de junho de 2022, e revoga dispositivos da Lei nº 14.118, de 12 de janeiro de 2021.

▪ Publicada no *DOU* de 14-7-2023.

Art. 1º O Programa Minha Casa, Minha Vida tem por finalidade promover o direito à cidade e à moradia de famílias residentes em áreas urbanas e rurais, associado ao desenvolvimento urbano, econômico, social e cultural, à sustentabilidade, à redução de vulnerabilidades e à prevenção de riscos de desastres, à geração de trabalho e de renda e à elevação dos padrões de habitabilidade, de segurança socioambiental e de qualidade de vida da população, conforme determinam os arts. 3º e 6º da Constituição Federal.

Art. 2º São objetivos do Programa:

I – reduzir as desigualdades sociais e regionais do País;

II – ampliar a oferta de moradias para atender às necessidades habitacionais, sobretudo da população de baixa renda e nas regiões de maiores déficits habitacionais, nas suas diversas formas de atendimento;

III – promover a melhoria de moradias existentes, inclusive com promoção de acessibilidade, para reparar as inadequações habitacionais;

IV – estimular a modernização do setor habitacional e a inovação tecnológica com vistas à redução dos custos e prazos de produção e entregas, à sustentabilidade ambiental, climática e energética e à melhoria da qualidade da produção habitacional, com a finalidade de ampliar o atendimento habitacional;

V – apoiar o desenvolvimento, o fortalecimento e a ampliação da atuação dos agentes públicos e privados responsáveis pela promoção do Programa;

VI – fortalecer o planejamento urbano e a implementação de ações e métodos de prevenção, mitigação, preparação e resposta contra desastres naturais;

VII – ampliar o acesso à terra urbanizada pela população de baixa renda;

VIII – fortalecer o acesso à infraestrutura e a equipamentos públicos urbanos, inclusive os educacionais e os culturais, nas proximidades das novas unidades habitacionais;

IX – gerar emprego e renda em uma economia estruturada em bases sustentáveis;

X – estimular e facilitar a implantação de infraestrutura de conectividade e dos serviços de telecomunicações e internet para reduzir as lacunas digitais, culturais e informacionais.

Art. 3º São diretrizes do Programa:

I – atendimento habitacional prioritário às famílias de baixa renda compreendidas nas alíneas *a* dos incisos I e II do art. 5º desta Lei;

II – concepção da habitação em seu sentido amplo de moradia, com a integração das dimensões física, urbanística, fundiária, econômica, social, cultural, energética e ambiental do espaço em que a vida do cidadão acontece;

III – estímulo ao cumprimento da função social da propriedade e do direito à moradia, nos termos do disposto na Constituição;

IV – promoção do planejamento integrado com as políticas de desenvolvimento urbano, de habitação, de infraestrutura, de saneamento, de mobilidade, de acessibilidade e de gestão do território e de forma transversal com as políticas ambiental e climática, de desenvolvimento econômico e social e de segurança pública, entre outras, com vistas ao desenvolvimento urbano sustentável;

V – estímulo a políticas fundiárias que garantam a oferta de áreas urbanizadas para habitação, com localização, preço e quantidade compatíveis com as diversas faixas de renda do mercado habitacional, de forma a priorizar a faixa de interesse social da localidade e com localização que privilegie a integração com centros urbanos, de forma a não prejudicar o nível do custo de vida e a segurança pública dos beneficiários;

VI – cooperação federativa e fortalecimento do Sistema Nacional de Habitação de Interesse Social (SNHIS), de que trata a Lei nº 11.124, de 16 de junho de 2005;

VII – estímulo à inovação e ao aperfeiçoamento da qualidade, da durabilidade, da segurança, da acessibilidade e da habitabilidade das unidades habitacionais e da instalação de infraestrutura em empreendimentos de interesse social;

VIII – sustentabilidade econômica, social, energética e ambiental dos benefícios habitacionais, inclusive com estímulo aos estudos de exploração comercial dos ativos ambientais gerados pelo Programa;

IX – transparência e monitoramento com relação à execução física e orçamentária dos benefícios habitacionais e à participação dos atores envolvidos, incluída a divulgação dos valores de subvenção concedidos e dos benefícios gerados;

X – conclusão de investimentos iniciados e cumprimento de compromissos pregressos, exceto se comprovada a inviabilidade;

XI – utilização de sistemas operacionais, soluções de projeto, padrões construtivos e aportes tecnológicos que objetivem a redução de impactos ambientais, a economia de recursos naturais e a conservação e o uso racional de energia;

XII – promoção de adensamento urbano adequado à integração eficiente das unidades habitacionais com a infraestrutura de transporte e serviços necessários ao atendimento da população;

XIII – promoção de assistência técnica nas áreas de arquitetura, urbanismo e engenharia para todos os empreendimentos do Programa executados por autoconstrução, autogestão, mutirão ou administração direta;

XIV – incentivo à gestão, à construção e à reforma de unidades habitacionais pelas próprias famílias beneficiárias, quando organizadas por meio de associações e cooperativas habitacionais, garantida a assistência técnica gratuita;

XV – redução das desigualdades sociais, regionais, culturais e informacionais do País, inclusive por meio da instalação de infraestrutura de acesso a serviços de telecomunicações que permita o provimento de conexão à internet e a distribuição de conteúdo audiovisual;

XVI – garantia da pluralidade de agentes promotores e financeiros, especialmente os públicos;

XVII – incentivo à requalificação e retrofit de prédios degradados, não utilizados e subutilizados, localizados nas áreas centrais das grandes cidades brasileiras, priorizando os de pequeno porte, assim compreendidos aqueles com até 200 (duzentas) unidades habitacionais;

XVIII – promover iniciativas cooperativas de geração de renda e fortalecimento da organização comunitária, por meio de investimentos no Projeto de Trabalho Técnico Social (PTTS), com duração de até 2 (dois) anos no pós-obra, nos termos de regulamento do Ministério das Cidades;

XIX – nos termos do inciso III do *caput* deste artigo, a União deverá priorizar projetos em Municípios que apliquem os mecanismos de garantia da função social da propriedade, conforme previsão da Lei nº 10.257, de 10 de julho de 2001 (Estatuto da Cidade).

Art. 4º Os objetivos do Programa serão alcançados por meio de linhas de atendimento que considerem as necessidades habitacionais, tais como:

I – provisão subsidiada de unidades habitacionais novas, requalificadas ou retrofitadas, em áreas urbanas ou rurais;

II – provisão subsidiada de unidades habitacionais derivadas da requalificação ou retrofit de prédios degradados, não utilizados e subutilizados, priorizando-se os localizados em áreas centrais e históricas e os de pequeno porte, assim compreendidos aqueles que resultem em até 200 (duzentas) unidades;

III – provisão financiada de unidades habitacionais novas, usadas, requalificadas ou retrofitadas, que serão consideradas novas, em áreas urbanas ou rurais;

IV – fomento à criação de mercados de locação social de imóveis em áreas urbanas;

V – provisão de lotes urbanizados, dotados da adequada infraestrutura;

VI – melhoria habitacional em áreas urbanas e rurais;

VII – apoio financeiro a programas e ações habitacionais de interesse social desenvolvidos por Estados e Munícipios;

VIII – projeto Moradia Primeiro;

IX – regularização fundiária.

§ 1º As linhas de atendimento deverão ser implementadas com vistas ao alcance dos objetivos e das diretrizes do Programa, na forma dos dispositivos autoaplicáveis desta Lei e das regulamentações do Ministério das Cidades, observada a legislação aplicável.

§ 2º As unidades imobiliárias produzidas no âmbito do Programa poderão ser disponibilizadas às famílias beneficiárias ou aos entes federativos sob a forma de cessão, de doação, de locação, de comodato, de arrendamento ou de venda, mediante financiamento ou não, em contrato subsidiado ou não, total ou parcialmente, conforme previsto em regulamento, sem prejuízo de outros negócios jurídicos compatíveis.

§ 3º Serão admitidas aquisições pelo Fundo de Arrendamento Residencial (FAR), de que trata a Lei nº 10.188, de 12 de fevereiro de 2001, e pelo Fundo de Desenvolvimento Social (FDS), de que trata a Lei nº 8.677, de 13 de julho de

1993, de unidades habitacionais providas com base nos incisos I, II e III do *caput* por meio de programas e ações desenvolvidos por órgãos e entidades da administração descentralizada de quaisquer entes federativos, incluídas as parcerias público-privadas.

§ 4º Exclusivamente para os fins desta Lei, consideram-se unidades habitacionais requalificadas ou retrofitadas aquelas oriundas da recuperação total ou parcial de imóveis ou edifícios tombados, degradados, não utilizados ou subutilizados, não se considerando como tais as unidades isoladas meramente reformadas.

§ 5º A implementação das linhas de atendimento deverá priorizar a pluralidade de agentes promotores e financeiros, em articulação com todos os entes federativos, por meio de seus órgãos e entidades descentralizadas responsáveis pela execução das políticas de desenvolvimento urbano e habitação, e com a sociedade civil organizada.

§ 6º As unidades imobiliárias consideradas aptas, nos termos do inciso XVII do art. 3º e do inciso II do art. 4º, devem ter sido concluídas e entregues no prazo mínimo de 5 (cinco) anos da entrada em vigor desta Lei.

§ 7º No âmbito do programa, a linha de atendimento da provisão de lotes urbanizados contará com os seguintes instrumentos e diretrizes:

I – aplicação dos recursos previstos no art. 6º;

II – redução ou desconto de emolumentos de atos, nos termos do arts. 42 e 43 da Lei nº 11.977, de 7 de julho de 2009;

III – possibilidade de que os investimentos e o custeio das obras não incidentes do empreendimento de parcelamento de solo, de implantação de redes de energia, de saneamento, de pavimentação, de terraplenagem e de drenagem componham o investimento do programa na modalidade de financiamento ou subsídio;

IV – implementação da infraestrutura de saneamento básico externa, que será de responsabilidade do prestador de serviço público de saneamento básico, nos termos do *caput* do art. 18-A da Lei nº 11.445, de 5 de janeiro de 2007;

V – assistência técnica para o projeto e a construção de edificação em lote urbanizado para o adequado padrão construtivo.

§ 8º O Programa poderá oferecer ao beneficiário a provisão de lote urbanizado e a construção da unidade imobiliária, compreendendo a aquisição financiada ou subsidiada de material de construção.

§ 9º Para os lotes urbanizados produzidos no âmbito do Programa Minha Casa, Minha Vida, o investimento realizado pelo empreendedor na rede de distribuição de energia elétrica será revertido em subsídio ou desconto em tarifa aos proprietários de lote, nos termos do regulamento, na proporção do impacto do investimento na sua tarifa, conforme regulamento.

§ 10. Para os fins do inciso I do *caput* deste artigo, o Ministério das Cidades, por ato regulamentador próprio, poderá estabelecer valores diferenciados para as unidades habitacionais, consideradas as desigualdades regionais do País.

Art. 5º O Programa atenderá famílias residentes em áreas urbanas com renda bruta familiar mensal de até R$ 8.000,00 (oito mil reais) e famílias residentes em áreas rurais com renda bruta familiar anual de até R$ 96.000,00 (noventa e seis mil reais), consideradas as seguintes faixas:

I – famílias residentes em áreas urbanas:

a) Faixa Urbano 1 – renda bruta familiar mensal até R$ 2.640,00 (dois mil, seiscentos e quarenta reais);

b) Faixa Urbano 2 – renda bruta familiar mensal de R$ 2.640,01 (dois mil, seiscentos e quarenta reais e um centavo) até R$ 4.400,00 (quatro mil e quatrocentos reais);

c) Faixa Urbano 3 – renda bruta familiar mensal de R$ 4.400,01 (quatro mil e quatrocentos reais e um centavo) até R$ 8.000,00 (oito mil reais);

II – famílias residentes em áreas rurais:

a) Faixa Rural 1 – renda bruta familiar anual até R$ 31.680,00 (trinta e um mil, seiscentos e oitenta reais);

b) Faixa Rural 2 – renda bruta familiar anual de R$ 31.680,01 (trinta e um mil, seiscentos e oitenta reais e um centavo) até R$ 52.800,00 (cinquenta e dois mil e oitocentos reais);

c) Faixa Rural 3 – renda bruta familiar anual de R$ 52.800,01 (cinquenta e dois mil e oitocentos reais e um centavo) até R$ 96.000,00 (noventa e seis mil reais).

§ 1º Para fins de enquadramento nas faixas de renda, o cálculo do valor de renda bruta familiar não considerará os benefícios temporários de natureza indenizatória, assistencial ou previdenciária, como auxílio-doença, auxílio-acidente, seguro-desemprego, benefício de prestação continuada (BPC) e benefício do Programa Bolsa Família, ou outros que vierem a substituí-los.

§ 2º A atualização dos valores de renda bruta familiar deverá ser realizada anualmente, mediante ato do Ministro de Estado das Cidades.

Art. 6º O Programa será constituído pelos seguintes recursos, a serem aplicados com observância à legislação específica de cada fonte e em conformidade com as dotações e disponibilidades orçamentárias e financeiras consignadas nas leis e nos planos de aplicação anuais:

I – dotações orçamentárias da União;

II – Fundo Nacional de Habitação de Interesse Social (FNHIS), de que trata a Lei nº 11.124, de 16 de junho de 2005;

III – Fundo de Arrendamento Residencial (FAR), de que trata a Lei nº 10.188, de 12 de fevereiro de 2001;

IV – Fundo de Desenvolvimento Social (FDS), de que trata a Lei nº 8.677, de 13 de julho de 1993;

V – Fundo de Garantia do Tempo de Serviço (FGTS), de que trata a Lei nº 8.036, de 11 de maio de 1990 (Lei do FGTS);

VI – Fundo Garantidor da Habitação Popular (FGHab), de que trata a Lei nº 11.977, de 7 de julho de 2009;

VII – emendas parlamentares;

VIII – operações de crédito de iniciativa da União firmadas com organismos multilaterais de crédito e destinadas à implementação do Programa;

IX – contrapartidas financeiras, físicas ou de serviços de origem pública ou privada;

X – doações públicas ou privadas destinadas aos fundos de que tratam os incisos II, III, IV e V;

XI – outros recursos destinados à implementação do Programa oriundos de fontes nacionais e internacionais;

XII – doações ou alienação gratuita ou onerosa de bens imóveis da União, observada legislação pertinente;

XIII – recursos do Fundo Nacional para Calamidades Públicas, Proteção e Defesa Civil (FUNCAP), quando os recursos orçamentários e financeiros constantes dos incisos I a IX não estiverem disponíveis e o beneficiário tenha tido o único imóvel perdido em razão de situação de emergência ou calamidade formalmente reconhecida pelos órgãos competentes ou esteja em estado de vulnerabilidade a desastres ambientais iminentes, reconhecidos pelos órgãos competentes.

§ 1º As operações contratadas nos termos do inciso VI deste artigo poderão abranger as parcerias público-privadas promovidas pela União, pelos Estados, pelo Distrito Federal e pelos Municípios.

§ 2º A União fica obrigada, por meio do Ministério das Cidades e da Caixa Econômica Federal, em conformidade com as dotações e disponibilidades orçamentárias e financeiras, a repassar aos entes estaduais, distrital e municipais, a título de transferência obrigatória, fundo a fundo ou por meio da celebração de convênio, contrato de repasse ou instrumentos congêneres, no mínimo 5% (cinco por cento) da soma dos recursos definidos nos incisos I a IV do *caput* deste artigo, além dos recursos previstos no inciso VII do *caput* deste artigo, podendo ser utilizados para:

I – retomada de obras paradas;

II – obras de retrofit ou requalificação;

III – obras em Municípios de até 50 (cinquenta) mil habitantes.

§ 3º Os repasses referidos no § 2º ficarão condicionados à existência e funcionamento em âmbito estadual, distrital ou municipal de fundo, órgão ou entidade da administração descentralizada responsáveis pela execução das políticas públicas de desenvolvimento urbano ou habitação.

§ 4º A gestão e a movimentação financeira dos recursos de que trata o § 3º deste artigo ocorrerão por meio de conta bancária específica aberta em instituição financeira pública indicada pelo ente estadual, distrital ou municipal, em nome do fundo, órgão ou entidade destinatária dos recursos.

§ 5º Os fundos, órgãos ou entidades destinatárias dos recursos ficam obrigados a fornecer e atualizar dados e informações habitacionais integradas aos sistemas nacionais, nos termos estabelecidos em ato do Ministro de Estado das Cidades.

§ 6º A instituição financeira de que trata o § 4º disponibilizará as informações relacionadas com as movimentações financeiras ao Ministério das Cidades por meio de aplicativo que identifique o destinatário do recurso.

§ 7º Ainda com vistas a viabilizar as linhas de atendimento habitacionais de que trata esta Lei, observada a legislação aplicável e o regulamento do Ministério das Cidades, ficam os beneficiários finais ou os agentes promotores e financeiros autorizados a oferecer ou receber contrapartidas pecuniárias, em bens imóveis ou em execução de obras e serviços para complementação dos valores de investimento das operações ou retorno total ou parcial dos recursos aportados pelo Programa, dispensada a participação financeira da família de que faça parte beneficiário do BPC ou da família participante do Programa Bolsa Família.

§ 8º A União, os Estados, o Distrito Federal e os Municípios poderão complementar o valor das operações do Programa com incentivos e benefícios de natureza financeira, tributária ou creditícia.

§ 9º Em áreas urbanas, os critérios de prioridade para atendimento devem contemplar:

I – a doação pelos Estados, pelo Distrito Federal e pelos Municípios de terrenos localizados em área urbana consolidada para implantação de empreendimentos vinculados ao Programa;

II – a implementação pelos Estados, pelo Distrito Federal e pelos Municípios de medidas de desoneração tributária, para as construções destinadas à habitação de interesse social.

§ 10. Os Estados, o Distrito Federal e os Municípios, quando da produção de novas habitações de interesse social no Programa, priorizarão famílias da Faixa Urbano 1, desde que exista lei do ente federativo, no âmbito de sua competência, que assegure condições especiais para a viabilização de Habitação de Interesse Social (HIS).

§ 11. A lei do ente federativo, que deverá produzir efeitos previamente à contratação dos investimentos, deverá estabelecer isenções dos seguintes tributos, nas operações que decorram da aplicação dos recursos provenientes das fontes de recursos a que se referem os incisos I a IV do *caput*:

I – imposto sobre a transmissão de bens imóveis;

II – imposto de transmissão causa mortis e doação;

III – imposto sobre a propriedade predial e territorial urbana.

§ 12. Serão priorizados nas seleções os entes federativos que, no âmbito de suas competências, concederem isenções tributárias para fins dos programas de que trata esta Lei.

§ 13. Os Estados, o Distrito Federal e os Municípios, na produção de novas habitações de interesse social no Programa, terão prioridade no recebimento de novas moradias quando da existência de lei do ente federativo, no âmbito de sua competência, que assegure condições especiais para a viabilização de Habitação de Interesse Social (HIS) para famílias da Faixa Urbano 1, devendo incentivar no mínimo 2 (duas) das seguintes condições:

I – o aumento do direito de construir sobre o terreno em que se produzirá a HIS, por meio do Coeficiente de Aproveitamento (CA) específico;

II – o aumento do direito de construir sobre o terreno em que se produzirá a HIS, por meio do gabarito (andares máximos permitidos para a construção sobre o terreno) específico;

III – a diminuição da exigência de vagas de estacionamento, dentro dos condomínios, sobre a quantidade de HIS que será produzida;

IV – a isenção de taxa de outorga onerosa do direito de construir;

V – a flexibilização da legislação urbanística municipal.

§ 14. VETADO.

§ 15. Os órgãos de aprovação dos Estados, do Distrito Federal e dos Municípios e todas as concessionárias de serviços públicos priorizarão as análises e as aprovações de projetos de novas habitações de interesse social no Programa, no âmbito de sua competência, para famílias da Faixa Urbano 1.

§ 16. O Ministério das Cidades atenderá famílias enquadradas na Faixa 1 residentes em Municípios com população igual ou inferior a 80 (oitenta) mil habitantes, preferencialmente, com recursos de que tratam os incisos I e III do *caput*, na modalidade de oferta pública, para habilitação de instituições financeiras autorizadas pelo Banco Central do Brasil, inclusive bancos digitais, sociedades de crédito direto, cooperativas de crédito e os agentes financeiros referidos nos incisos I a XII do art. 8º da Lei nº 4.380, de 21 de agosto de 1964.

§ 17. Para participar da oferta pública, as instituições e agentes financeiros previstos no § 16 deverão comprovar que possuem pessoal técnico especializado, próprio ou terceirizado, nas áreas de engenharia civil, arquitetura, economia, administração, ciências sociais, serviço social e direito.

§ 18. Comprovada a viabilidade do empreendimento para a construção de unidades habitacionais urbanas ou requalificação de imóveis urbanos, as entidades públicas e privadas sem fins lucrativos poderão receber valores adiantados referentes aos custos técnicos dos projetos que necessariamente devem ser submetidos aos órgãos competentes para aprovação, nos termos de regulamentação própria do Ministério das Cidades.

§ 19. Com vistas a viabilizar as linhas de atendimento habitacionais de que trata esta Lei, sem prejuízo de outros meios operacionais, a União, por meio da alocação de recursos destinados a ações integrantes das leis orçamentárias anuais, observada a disponibilidade orçamentária e financeira, fica autorizada a:

I – integralizar cotas no FAR, transferir recursos ao FDS, complementar os descontos concedidos pelo FGTS e subvencionar a produção, a aquisição, a requalificação, a recuperação e a melhoria de moradias ou conceder subvenção econômica ao beneficiário pessoa física;

II – alocar subvenção econômica com a finalidade de complementar o valor necessário a assegurar o equilíbrio econômico-financeiro das operações realizadas pelas instituições ou pelos agentes financeiros, incluídos os custos de alocação, de remuneração e de perda de capital e as despesas de contratação, de administração, de cobrança e de execução judicial e extrajudicial;

III – alocar recursos em fundo garantidor de operações que envolvam benefícios de natureza habitacional;

IV – alocar recursos por meio de repasses e de financiamentos, inclusive em parcerias público-privadas.

§ 20. A gestão operacional dos recursos do Orçamento-Geral da União será efetuada pela Caixa Econômica Federal, quando destinados a:

I – complementar os descontos concedidos pelo FGTS;

II – atender as famílias residentes em áreas rurais, na hipótese de concessão direta a pessoa física; ou

III – alocar subvenção econômica com a finalidade de complementar o valor necessário a assegurar o equilíbrio econômico-financeiro das operações realizadas pelas instituições ou pelos agentes financeiros, incluídos os custos de alocação, de remuneração e de perda de capital e as despesas de contratação, de administração, de cobrança e de execução judicial e extrajudicial.

Art. 7º O disposto nos arts. 20 a 32 da Lei nº 11.977, de 7 de julho de 2009, que tratam do FGHab, e nos arts. 42 a 44-A da Lei nº 11.977, de 7 de julho de 2009, que tratam de custas e emolumentos cartorários, aplica-se, no que couber, às operações de que trata esta Lei.

Art. 8º Serão priorizadas, para fins de atendimento a provisão subsidiada de unidades habitacionais com o emprego de dotação orçamentária da União e com recursos do FNHIS, do FAR ou do FDS, as famílias:

I – que tenham a mulher como responsável pela unidade familiar;

II – de que façam parte:

a) pessoas com deficiência, conforme o disposto na Lei nº 13.146, de 6 de julho de 2015 (Estatuto da Pessoa com Deficiência), inclusive aquelas com transtorno do espectro autista, conforme a Lei nº 12.764, de 27 de dezembro de 2012, devendo os imóveis destinados a essas pessoas ser adaptados à deficiência apresentada;

b) pessoas idosas, conforme o disposto na Lei nº 10.741, de 1º de outubro de 2003 (Estatuto da Pessoa Idosa), devendo os imóveis destinados a essas pessoas ser adaptados às suas condições físicas;

c) crianças ou adolescentes, conforme o disposto na Lei nº 8.069, de 13 de julho de 1990 (Estatuto da Criança e do Adolescente);

d) pessoas com câncer ou doença rara crônica e degenerativa;

III – em situação de vulnerabilidade ou risco social, conforme a Lei nº 8.742, de 7 de dezembro de 1993 (Lei Orgânica da Assistência Social);

IV – que tenham perdido a moradia em razão de desastres naturais em localidade em que tenha sido decretada situação de emergência ou estado de calamidade pública;

V – em deslocamento involuntário em razão de obras públicas federais;

VI – em situação de rua;

VII – que tenham mulheres vítimas de violência doméstica e familiar, conforme o disposto na Lei nº 11.340, de 7 de agosto de 2006 (Lei Maria da Penha);

VIII – residentes em área de risco;

IX – integrantes de povos tradicionais e quilombolas.

§ 1º De forma complementar, deverão ser também observadas outras prioridades sociais estabelecidas em leis específicas ou compatíveis com as linhas de atendimento do Programa, como a Lei nº 12.288, de 20 de julho de 2010 (Estatuto da Igualdade Racial), entre outras.

§ 2º Observado o disposto no *caput*, o Ministério das Cidades poderá estabelecer critérios complementares, conforme a linha de atendimento do Programa, e facultar aos Estados, ao Distrito Federal, aos Municípios e às entidades privadas sem fins lucrativos, quando promotoras de benefícios habitacionais, a inclusão de outros requisitos e critérios que busquem refletir situações de vulnerabilidade econômica e social locais.

Art. 9º A subvenção econômica destinada à pessoa física no ato da contratação que tenha por objetivo proporcionar a aquisição ou a produção da moradia por meio do Programa será concedida apenas uma vez para cada beneficiário e poderá ser cumulativa com os descontos habitacionais concedidos nas operações de financiamento efetuadas nos termos do disposto no art. 9º da Lei nº 8.036, de 11 de maio de 1990 (Lei do FGTS), com recursos do FGTS, vedada a sua concessão à pessoa física que:

I – seja titular de contrato de financiamento obtido com recursos do FGTS ou em condições equivalentes às do Sistema Financeiro da Habitação, em qualquer parte do País;

II – seja proprietária, promitente compradora ou titular de direito de aquisição, de arrendamento, de usufruto ou de uso de imóvel residencial, regular, com padrão mínimo de edificação e de habitabilidade estabelecido pelas regras da administração municipal, e dotado de abastecimento de água, de solução de esgotamento sanitário e de atendimento regular de energia elétrica, em qualquer parte do País;

III – tenha recebido, nos últimos 10 (dez) anos, benefícios similares oriundos de subvenções econômicas concedidas com recursos do Orçamento-Geral da União, do FAR, do FDS ou provenientes de descontos habitacionais concedidos com recursos do FGTS, excetuados as subvenções e os descontos destinados à aquisição de material de construção e o Crédito Instalação, disponibilizados pelo Instituto Nacional de Colonização e Reforma Agrária (INCRA), na forma prevista em regulamentação específica.

§ 1º Observada a legislação específica relativa a fontes de recursos, o disposto no *caput* não se aplica a quem se enquadre em uma ou mais das seguintes hipóteses:

I – tenha tido propriedade de imóvel residencial de que se tenha desfeito por força de decisão judicial há, no mínimo, 5 (cinco) anos;

II – tenha tido propriedade em comum de imóvel residencial, desde que dele se tenha desfeito em favor do coadquirente há, no mínimo, 5 (cinco) anos;

III – tenha propriedade de imóvel residencial havida por herança ou doação, em fração ideal de até 40% (quarenta por cento), observada a regulamentação específica da fonte de recurso que tenha financiado o imóvel;

IV – tenha propriedade de parte de imóvel residencial, em fração não superior a 40% (quarenta por cento);

V – tenha tido propriedade anterior, em nome do cônjuge ou do companheiro do titular da inscrição, de imóvel residencial do qual se tenha desfeito antes da união do casal, por meio de instrumento de alienação registrado no cartório competente;

VI – tenha nua-propriedade de imóvel residencial gravado com cláusula de usufruto vitalício e tenha renunciado ao usufruto;

VII – tenha tido o seu único imóvel perdido em razão de situação de emergência ou calamidade formalmente reconhecida pelos órgãos competentes;

VIII – sofra operação de reassentamento, de remanejamento ou de substituição de moradia, decorrentes de obras públicas.

§ 2º O disposto no *caput* não se aplica às subvenções econômicas destinadas à realização de obras e serviços de melhoria habitacional.

§ 3º A subvenção econômica de que trata o *caput* poderá ser cumulativa com aquelas concedidas por programas habitacionais de âmbito federal, estadual, distrital ou municipal e, ainda, com financiamento habitacional com recursos do FGTS, observada regulamentação específica.

Art. 10. Os contratos e os registros efetivados no âmbito do Programa serão formalizados, prioritariamente, no nome da mulher e, na hipótese de ela ser chefe de família, poderão ser firmados independentemente da outorga do cônjuge, afastada a aplicação do disposto nos arts. 1.647, 1.648 e 1.649 da Lei nº 10.406, de 10 de janeiro de 2002 (Código Civil).

§ 1º O contrato firmado na forma prevista no *caput* será registrado no cartório de registro de imóveis competente, com a exigência de simples declaração da mulher acerca dos dados relativos ao cônjuge ou ao companheiro e ao regime de bens.

§ 2º Na hipótese de dissolução de união estável, separação ou divórcio, o título de propriedade do imóvel adquirido, construído ou regularizado no âmbito do Programa na constância do casamento ou da união estável será registrado em nome da mulher ou a ela transferido, independentemente do regime de bens aplicável.

§ 3º Na hipótese de haver filhos do casal e a guarda ser atribuída exclusivamente ao homem, o título da propriedade do imóvel construído ou adquirido será registrado em seu nome ou a ele transferido, revertida a titularidade em favor da mulher caso a guarda dos filhos seja a ela posteriormente atribuída.

§ 4º O disposto neste artigo não se aplica aos contratos de financiamento firmados com recursos do FGTS.

§ 5º A mulher vítima de violência doméstica e familiar que esteja sob medida protetiva de urgência está autorizada a realizar o distrato dos contratos de compra e venda antes do prazo final contratual, sendo-lhe permitido ser beneficiada em outra unidade habitacional, independentemente do registro no Cadastro Nacional de Mutuários (CADMUT).

Art. 11. Observadas as atribuições contidas em legislação específica, compete:

I – ao Ministério das Cidades:

a) gerir e estabelecer a forma de implementação das ações e das linhas de atendimento do Programa;

b) monitorar, avaliar, inclusive por meio de pesquisa de satisfação dos beneficiários, e divulgar periodicamente os resultados obtidos pelo Programa, de forma a assegurar a transparência e a publicidade de informações;

c) garantir as condições adequadas para execução do Programa e recepção das moradias, com infraestrutura, pavimentação, saneamento básico, iluminação e demais necessidades estruturais necessárias ao cumprimento integral do Programa;

II – aos demais órgãos e entidades da Administração Pública federal:

a) fornecer ao Ministério das Cidades os dados e as informações necessárias para o monitoramento e a avaliação do Programa;

b) fomentar a avaliação do Programa, inclusive entre órgãos e entidades de pesquisa, garantindo a proteção dos dados pessoais e o sigilo bancário das operações, na forma da Lei nº 13.709, de 14 de agosto de 2018 (Lei Geral de Proteção de Dados Pessoais – LGPD);

III – aos órgãos colegiados gestores de fundos financiadores do Programa, exercer as atribuições estabelecidas nas leis que os instituírem;

IV – aos operadores de fundos financiadores do Programa, estabelecer mecanismos e procedimentos operacionais necessários à realização de ações do Programa, em conformidade com as diretrizes aprovadas pelos órgãos colegiados gestores de fundos financiadores do Programa e pelo Ministério das Cidades, quando for o caso;

V – às instituições financeiras, aos agentes financeiros ou à mandatária da União, adotar mecanismos e procedimentos necessários à realização de ações do Programa e delas participar de acordo com a sua capacidade técnica e operacional, na forma regulamentada pelos operadores dos fundos financiadores do Programa, pelo Ministério das Cidades e pelos órgãos colegiados gestores dos fundos financiadores do Programa;

VI – aos governos estaduais, distrital e municipais, na qualidade de executores, promotores ou apoiadores, implementar e executar seus programas habitacionais em articulação com o Programa Minha Casa, Minha Vida, garantir as condições adequadas para a sua execução e recepcionar, operar e manter os bens públicos gerados pelos investimentos do Programa;

VII – às entidades privadas com ou sem fins lucrativos destinadas à provisão habitacional, executar as ações e as atividades do Programa, respeitada a legislação específica relativa aos recursos financiadores;

VIII – aos empreendedores habitacionais, executar as ações e exercer as atividades do Programa, na qualidade de incorporadores, de prestadores de serviço, de executores ou de proponentes, conforme o caso;

IX – às famílias beneficiárias do Programa:

a) fornecer dados e documentos;

b) assumir o financiamento, quando for o caso;

c) honrar o pagamento de aluguéis, arrendamentos, despesas com taxas decorrentes da posse ou da propriedade do imóvel e outras contrapartidas, como despesas com Imposto sobre a Propriedade Predial e Territorial Urbana (IPTU), serviços urbanos e taxa condominial, quando for o caso;

d) apropriar-se corretamente dos bens e serviços colocados à sua disposição, com observância da finalidade a que se destinam;

e) participar das ações de trabalho social previstas nas operações contratadas;

f) manter a propriedade e a posse para uso do imóvel objeto do benefício pela própria família, sendo vedados o empréstimo, a locação, a venda ou qualquer outra negociação que descaracterize o objeto social da concessão.

Art. 12. A participação dos agentes do Programa será regulamentada pelo Ministério das Cidades, conforme a linha de atendimento, que poderá estabelecer instrumento contratual no qual sejam estabelecidos direitos e obrigações entre os partícipes e sanções aplicáveis após o devido processo administrativo, respeitados os princípios do contraditório e da ampla defesa.

§ 1º O descumprimento contratual pela família beneficiária de produção subsidiada de unidade habitacional em área urbana poderá ensejar a retomada do imóvel pelo fundo financiador correspondente, dispensada a realização de leilão, observada a regulamentação do Programa para a destinação da unidade habitacional.

§ 2º É facultado ao fundo financiador promover a recuperação de unidades habitacionais sem condições de habitabilidade, para promover a sua reinserção no Programa ou a sua desmobilização, observada a regulamentação específica do Ministério das Cidades.

§ 3º A malversação dos recursos do Programa pelos agentes, por culpa ou dolo, ensejará a devolução do valor originalmente disponibilizado, acrescido de juros e de atualização monetária a serem estabelecidos em regulamento do Ministério das Cidades, sem prejuízo das penalidades previstas na legislação.

§ 4º Os participantes privados que descumprirem normas ou, por meio de ato omissivo ou comissivo, contribuírem para a aplicação indevida dos recursos poderão perder a possibilidade de atuar no Programa, sem prejuízo do dever de ressarcimento dos danos causados e da incidência das demais sanções civis, administrativas e penais aplicáveis.

§ 5º O disposto no art. 7º-D da Lei nº 11.977, de 7 de julho de 2009, aplica-se, no que couber, às operações de que trata esta Lei.

Art. 13. Respeitados os regulamentos específicos de cada fonte de recursos e a vinculação necessária às linhas de atendimento do Programa, são passíveis de compor o valor de investimento e o custeio da operação, entre outros:

I – elaboração de estudos, planos e projetos técnicos sociais de infraestrutura, de equipamentos públicos, de mobilidade, de saneamento, urbanísticos e habitacionais;

II – aquisição de imóveis;

III – regularização fundiária urbana, nos termos da Lei nº 13.465, de 11 de julho de 2017;

IV – aquisição ou produção de unidades ou de empreendimentos habitacionais;

V – melhoria, ampliação e recuperação de unidades habitacionais, inclusive daquelas destinadas à adequação ambiental e climática;

VI – requalificação de imóveis;

VII – execução de obras de implantação de equipamentos públicos, inclusive educacionais e culturais, de mobilidade, de saneamento e de infraestrutura, incluídas as de instalação de equipamentos de energia solar fotovoltaica, as de geração de energia elétrica a partir das modalidades de geração alcançadas pela Lei nº 14.300, de 6 de janeiro de 2022, ou as que contribuam para a redução do consumo de água em unidades imobiliárias;

VIII – prestação de assistência técnica ou de serviços técnicos profissionais, observada a Lei nº 11.888, de 24 de dezembro de 2008, no que couber;

IX – ações destinadas ao trabalho social e à gestão condominial ou associativa com famílias beneficiárias das intervenções habitacionais;

X – elaboração e implementação de estudos, planos, treinamentos e capacitações;

XI – aquisição de bens destinados a apoiar os agentes públicos ou privados envolvidos na implementação do Programa;

XII – produção de unidades destinadas à atividade comercial;

XIII – elaboração e execução de plano de arborização e paisagismo;

XIV – aquisição e instalação de infraestrutura de tecnologia da informação e comunicação;

XV – administração de obras sob gestão de entidade privada sem fins lucrativos;

XVI – custeio de despesas com taxas, impostos diretos e emolumentos cartorários, remuneração de agentes operadores e financeiros, entre outras, imprescindíveis para a regularização do contrato com o beneficiário;

XVII – implementação de infraestrutura e demais ações para prevenção, mitigação, preparação e resposta contra desastres naturais;

XVIII – obras para provisão de lotes urbanizados, incluídos os serviços de pavimentação, terraplenagem e drenagem;

XIX – aquisição e instalação de infraestrutura de tecnologia da informação e comunicação.

§ 1º Na produção subsidiada de unidades imobiliárias novas em áreas urbanas, compete ao prestador dos serviços públicos de distribuição de energia elétrica disponibilizar infraestrutura de rede e instalações elétricas até os pontos de conexão necessários à implantação dos serviços nas edificações e nas unidades habitacionais atendidas pelo Programa.

§ 2º A agência reguladora instituirá regras para que o empreendedor imobiliário invista em redes de distribuição de energia elétrica, com a identificação das situações nas quais os investimentos representem antecipação de atendimento obrigatório da concessionária, hipótese em que fará jus ao ressarcimento por parte da concessionária, por critérios de avaliação regulatórios, e daquelas nas quais os investimentos configuram-se como de interesse restrito do empreendedor imobiliário, hipótese em que não fará jus ao ressarcimento.

§ 3º A União poderá destinar bens imóveis a entes públicos e privados, dispensada alteração legislativa específica, mediante atendimento prioritário a famílias da Faixa Urbano 1, observado o disposto na Lei nº 9.636, de 15 de maio de 1998, e na regulamentação correlata, entre os quais:

I – o FAR e o FDS; e

II – entidades públicas ou privadas sem fins lucrativos.

§ 4º O investimento e o custeio da operação para execução de obras de infraestrutura vinculadas aos empreendimentos habitacionais poderão ser subsidiados ou financiados pelos recursos do Programa previstos no art. 6º desta Lei.

§ 5º Os contratos de execução de unidades habitacionais deverão prever cláusula de reajuste pela variação do Índice Nacional da Construção Civil (INCC), nos termos da Lei nº 10.192, de 14 de fevereiro de 2001, tendo como termo inicial a apresentação da proposta e termo final a efetiva assinatura dos contratos.

§ 6º Para as operações firmadas no âmbito do FAR com data de contratação posterior a 2018, será instituído pelo Ministério das Cidades e por agentes financeiros, com o objetivo de formatar propostas para obras não concluídas e não entregues, relatório consolidado com verificação quantitativa e qualitativa das operações inconclusas.

§ 7º Nas operações previstas no § 6º, a subvenção econômica concedida a cada família beneficiária, aplicável às operações de que trata esta Lei, observará o limite de avaliação do agente financeiro considerando as regras do Programa, limitado ao valor atual por unidade habitacional, nos termos do regulamento do Ministério das Cidades, podendo ser complementado por convênio com outros entes da Federação.

§ 8º Os prestadores de serviços públicos e as concessionárias de saneamento são obrigados a receber e assumir a gestão das infraestruturas externas aos condomínios que forem implantadas, em consequência de unidades habitacionais produzidas pelo Programa.

§ 9º A geração distribuída solar fotovoltaica na modalidade remota ocorrerá por meio de consórcio, cooperativa, condomínio civil voluntário ou edilício ou qualquer outra forma de associação civil constituída pelas lideranças locais, observada a Lei nº 14.300, de 6 de janeiro de 2022.

§ 10. O Programa Minha Casa, Minha Vida subsidiará a capacitação das lideranças locais para operação e manutenção dos sistemas fotovoltaicos, locais ou remotos, ou de outras fontes renováveis.

§ 11. A União poderá instituir os seguintes subsídios para compor o valor de investimento e o custeio de operação complementar, mediante ato regulamentar próprio:

I – Subsídio Verde: aporte complementar para projetos com uso de tecnologias sustentáveis e ambientais;

II – Subsídio Localização: aporte complementar para empreendimentos com proximidade de equipamentos públicos e privados urbanos e de polos de oferta de emprego e integrados plenamente à malha de transporte público;

III – Subsídio Qualificação: aporte complementar para empreendimentos que incluam construção de áreas comerciais e equipamentos públicos.

Art. 14. Na hipótese de que trata o § 3º do art. 13, o destinatário do imóvel poderá fazer a locação ou o arrendamento de parcela do imóvel não prevista para uso habitacional, bem como a alienação de unidades imobiliárias, desde que o resultado auferido com a exploração da atividade econômica reverta-se em benefício do empreendimento.

Art. 15. Na produção de unidades imobiliárias novas em áreas urbanas, sem prejuízo das demais garantias obrigatórias exigidas na legislação, nos termos de regulamentação do Ministério das Cidades, poderá ser exigida do empreendedor responsável pela construção a contratação de apólices, tais como:

I – seguro garantia executante construtor;

II – seguro garantia para término de obras, incluída infraestrutura não incidente;

III – seguro de responsabilidade civil e material;

IV – seguro riscos de engenharia;

V – seguro habitacional de morte e invalidez permanente e de danos físicos ao imóvel;
VI – VETADO.

Art. 16. Os requisitos técnicos aplicáveis ao desenvolvimento dos projetos, das obras e dos serviços serão objeto de regulamentação do Ministério das Cidades, respeitados os regulamentos específicos de cada fonte de recursos e a necessária vinculação às linhas de atendimento, observados os seguintes aspectos:

I – acessibilidade e disponibilidade de unidades adaptáveis e acessíveis ao uso por pessoas com deficiência, com mobilidade reduzida ou idosas, nos termos do disposto na Lei nº 13.146, de 6 de julho de 2015 (Estatuto da Pessoa com Deficiência), e na Lei nº 10.741, de 1º de outubro de 2003 (Estatuto da Pessoa Idosa);

II – sustentabilidade social, econômica, ambiental e climática da solução implantada, dando preferência a soluções para acesso a fontes de energias renováveis, como as solares e eólicas, equipamentos de maior eficiência energética, reuso de água, aproveitamento de águas pluviais, acesso a banda larga de internet e materiais de construção de baixo carbono, incluídos aqueles oriundos de reciclagem;
III – conforto ambiental da unidade habitacional, de forma a promover qualidade de vida às famílias beneficiadas.

Parágrafo único. A regulamentação referida no *caput* deste artigo deverá prever alternativas que possibilitem a diferenciação dos projetos de acordo com as particularidades climáticas, culturais e sociais locais.

Art. 17. Para as operações firmadas no âmbito do FAR, será instituído pelo Ministério das Cidades e por agentes financeiros, com o objetivo de formatar propostas para obras não concluídas e não entregues, relatório consolidado com análise quantitativa e qualitativa das operações em conclusão de obras contratadas a partir de 1º de dezembro de 2018.

Parágrafo único. A subvenção econômica concedida a cada família beneficiária, aplicável às operações de que trata esta Lei, observará o limite de avaliação do agente financeiro considerando as regras do Programa, limitado ao valor atual por unidade habitacional, podendo ser complementado por convênio com outros entes da Federação.

Art. 18. Nas obras realizadas no âmbito do Programa, as medições pagas pela contratante com atraso superior a 60 (sessenta) dias deverão ser reajustadas com base na variação do INCC do período, excetuadas aquelas financiadas com o recurso referido no inciso V do art. 6º.

Art. 19. O Poder Executivo federal estabelecerá:

I – critérios e periodicidade para a atualização das subvenções econômicas e dos demais limites contratuais financeiros aplicáveis a cada linha de atendimento e faixa de renda do Programa;

II – metas e benefícios destinados às famílias, em consonância com as prioridades estabelecidas no art. 8º, conforme localização e população do Município ou do Distrito Federal e as faixas de renda, respeitadas as atribuições legais sobre cada fonte de recursos, os limites estabelecidos nesta Lei e a disponibilidade orçamentária e financeira;

III – remuneração devida aos agentes operadores e financeiros para atuação no âmbito do Programa, bem como periodicidade de reajuste, quando couber;

IV – metas e formas de aferição de redução da emissão de gases de efeito estufa associada aos projetos financiados;
V – instrumentos e medidas específicas para prevenção e mitigação da inadimplência e do abandono das unidades habitacionais pelas famílias beneficiárias, especialmente as de baixa renda.

Parágrafo único. A atualização dos limites de renda familiar estabelecidos nesta Lei deverá ocorrer anualmente, conforme disposto no § 2º do art. 5º desta Lei.

Art. 20. O Ministério das Cidades estabelecerá:

I – forma de divulgação das informações, a serem publicadas periodicamente, relativas a dispêndio de recursos, projetos financiados, unidades produzidas e reformadas, famílias atendidas, índices de inadimplência verificados e indicadores de desempenho;

II – critérios de habilitação de entidades privadas sem fins lucrativos, incluídas as cooperativas e associações habitacionais, para atuação nas linhas de atendimento do Programa;

III – valor e número de prestações e hipóteses de dispensa de participação pecuniária pelas famílias beneficiárias das subvenções habitacionais, para complementação do valor de investimento da operação ou para retorno total ou parcial dos recursos aportados pelo Programa;

IV – procedimentos para seleção de beneficiários e regras para execução do trabalho social;
V – valores e limites de renda e de subvenções destinadas à conclusão das operações contratadas nos termos do disposto na Lei nº 11.977, de 7 de julho de 2009.

Art. 21. O Decreto-Lei nº 3.365, de 21 de junho de 1941 (Lei da Desapropriação), passa a vigorar com as seguintes alterações:

- Alterações inseridas no texto do referido Dec.-Lei.

Art. 22. O § 3º do art. 31-A da Lei nº 4.591, de 16 de dezembro de 1964, passa a vigorar com a seguinte redação:

- Alterações inseridas no texto do referida Lei.

Art. 23. A Lei nº 6.015, de 31 de dezembro de 1973 (Lei dos Registros Públicos), passa a vigorar com as seguintes alterações:

- Alterações inseridas no texto do referida Lei.

Art. 24. A Lei nº 6.766, de 19 de dezembro de 1979, passa a vigorar com as seguintes alterações:

- Alterações inseridas no texto do referida Lei.

Art. 25. A Lei nº 8.036, de 11 de maio de 1990 (Lei do FGTS), passa a vigorar com as seguintes alterações:

> "Art. 20. ....
>
> ....
>
> § 27. A critério do titular da conta vinculada do FGTS, em ato formalizado no momento da contratação do financiamento habitacional, os direitos aos saques de que trata o *caput* deste artigo poderão ser objeto de alienação ou cessão fiduciária para liquidação, amortização ou pagamento de parte das prestações decorrentes de financiamento habitacional concedido no âmbito do SFH, dispensados os prazos mencionados na alínea *b* do inciso V e o interstício mínimo de 2 (dois) anos do inciso VI, ambos deste artigo, observadas as condições estabelecidas

pelo Conselho Curador, mediante caucionamento dos depósitos a serem realizados na conta vinculada do trabalhador, exceto os previstos nos § 1º e § 2º do art. 18 desta Lei.

§ 28 A vedação prevista no § 2º do art. 2º desta Lei não se aplica ao que dispõe o § 27."

Art. 26. A Lei nº 8.677, de 13 de julho de 1993, passa a vigorar com as seguintes alterações:

"Art. 2º O FDS destina-se ao financiamento de projetos de investimento de interesse social nas áreas de habitação popular, inclusive regularização fundiária e melhoria habitacional, sendo permitido o financiamento nas áreas de saneamento e infraestrutura, desde que vinculadas aos programas de habitação, bem como de equipamentos comunitários.

§ 1º..

§ 2º O financiamento da infraestrutura referida no *caput* poderá contemplar os gastos necessários para viabilizar a provisão de energia de fontes renováveis aos beneficiários diretos dos investimentos habitacionais."

"Art. 5º..

....

§ 4º O Conselho Curador reunir-se-á, em caráter ordinário, no mínimo semestralmente, mediante convocação de seu presidente, e, em caráter extraordinário, mediante convocação de qualquer um de seus membros, na forma estabelecida pelo Conselho Curador.

§ 4º-A. Na falta da convocação pelo presidente para a reunião ordinária de que trata o § 4º, qualquer um dos membros do Conselho Curador poderá fazê-lo, com antecedência mínima de 15 (quinze) dias.

...."

"Art. 12-B. A União, por meio da alocação de recursos destinados a ações integrantes das leis orçamentárias anuais, observada a disponibilidade orçamentária e financeira, fica autorizada a transferir recursos ao FDS para subvencionar a regularização fundiária e a melhoria de moradias ou conceder subvenção econômica ao beneficiário pessoa física."

Art. 27. VETADO.

Art. 28. A Lei nº 9.514, de 20 de novembro de 1997, passa a vigorar com as seguintes alterações:

- Alterações inseridas no texto do referida Lei.

Art. 29. A Lei nº 10.188, de 12 de fevereiro de 2001, passa a vigorar com as seguintes alterações:

- Alterações inseridas no texto do referida Lei.

Art. 30. A Lei nº 10.406, de 10 de janeiro de 2002 (Código Civil), passa a vigorar com as seguintes alterações:

- Alterações inseridas no texto do referido Código.

Art. 31. A Lei nº 10.931, de 2 de agosto de 2004, passa a vigorar com as seguintes alterações:

"Art. 4º..

....

§ 8º Para os projetos de construção e incorporação de imóveis residenciais de interesse social, o percentual correspondente ao pagamento unificado dos tributos de que trata o *caput* deste artigo será equivalente a 1% (um por cento) da receita mensal recebida, conforme regulamentação da Secretaria Especial da Receita Federal do Brasil.

§ 9º Para efeito do disposto no § 8º, consideram-se projetos de incorporação de imóveis residenciais de interesse social aqueles destinados a famílias cuja renda se enquadre na Faixa Urbano 1, independentemente do valor da unidade, no âmbito do Programa Minha Casa, Minha Vida, sendo que a existência de unidades destinadas às outras faixas de renda no empreendimento não obstará a fruição do regime especial de tributação de que trata o § 8º.

§ 10. As condições para utilização dos benefícios de que tratam os §§ 6º e 8º serão definidas em regulamento.

§ 11. VETADO."

Art. 32. A Lei nº 11.977, de 7 de julho de 2009, passa a vigorar com as seguintes alterações:

"Art. 6º-A. ....

§ 1º Nos empreendimentos habitacionais em edificações multifamiliares produzidos com os recursos de que trata o *caput*, inclusive no caso de requalificação de imóveis urbanos, será admitida a produção de unidades destinadas à atividade comercial a eles vinculada.

§ 2º (Revogado).

....

§ 5º..

I – a subvenção econômica será concedida nas prestações do financiamento, ao longo de 120 (cento e vinte) meses, ressalvada a hipótese de quitação antecipada de que trata o inciso II;

II – poderá haver quitação antecipada do financiamento, conforme regulamentação do Ministério das Cidades;

....

§ 7º Nas operações previstas no § 3º, a subvenção econômica será concedida no ato da contratação da unidade habitacional, conforme regulamentação do Ministério das Cidades.

....

§ 9º O descumprimento contratual pela família beneficiária de operações financiadas pelo FAR e pelo FDS poderá ensejar a retomada do bem pelo fundo financiador correspondente, dispensada a realização de leilão, observada a regulamentação do Ministério das Cidades para a destinação da unidade habitacional.

....

§ 16. Os imóveis cuja viabilidade ou permanência no Programa restar prejudicada poderão ser objeto de desimobilização, pelo FAR ou pelo FDS, por meio de cessão, doação, locação, comodato, arrendamento, venda, ou outros negócios jurídicos compatíveis, em contrato subsidiado ou não, aos Estados, ao Distrito Federal, aos Municípios, aos órgãos de suas administrações diretas e indiretas, às pessoas físicas e às entidades com ou sem fins lucrativos, conforme ato do Ministério das Cidades.

§ 17. (Revogado).

§ 18. Compete ao Ministério das Cidades regulamentar a exigência de participação financeira dos beneficiários de que trata o inciso I do *caput*, inclusive por meio da ampliação do rol de dispensas de que trata o § 3º e da eventual renegociação de dívidas.

§ 19. A União fica autorizada a utilizar imóveis ociosos de sua propriedade, nas regiões urbanas centrais, objetivando a sua requalificação para a oferta de benefícios habitacionais, desde que o atendimento contemple exclusivamente famílias da Faixa Urbano 1, de forma a:

I – contribuir para a redução da ociosidade de edificações existentes e para o cumprimento da função social da propriedade, visando ao aumento da densidade demográfica e à qualificação do espaço público;

II – estimular a reabilitação do patrimônio arquitetônico, a partir de regras que facilitem a requalificação das edificações para novos usos;

III – favorecer a adequação de edificações existentes aos padrões de segurança, salubridade e acessibilidade, ampliando a oferta de áreas disponíveis ao adensamento populacional;

IV – adequar os procedimentos de análise de pedidos de licenciamento de intervenções de requalificação, quando associadas a pedido de reforma com aumento de área construída;

V – estimular a sustentabilidade ambiental em região urbana, com a maximização da utilização de materiais e infraestrutura existentes."

"Art. 7º-A. Os beneficiários de operações do PMCMV realizadas com recursos advindos da integralização de cotas do FAR obrigam-se a ocupar os imóveis adquiridos, em até 30 (trinta) dias, a contar da assinatura do contrato de compra e venda com cláusula de alienação fiduciária em garantia, firmado com o FAR, e não poderão ser impedidos de habitar com seus animais domésticos nessas residências, respeitando as normas vigentes e garantindo o bem-estar animal.

...."

"Art. 8º-A. O Ministério das Cidades, nas situações enquadradas nos incisos VI e VII do parágrafo único do art. 7º, deverá notificar, no prazo de 60 (sessenta) dias, as instituições ou agentes financeiros para:

....

§ 4º A manifestação de interesse a que se refere o § 2º possibilitará a prorrogação dos compromissos assumidos pelas instituições ou pelos agentes financeiros pelo prazo de até 60 (sessenta) meses, contado a partir de 26 de agosto de 2020, para conclusão e entrega das unidades habitacionais.

...."

"Art. 13...

....

§ 3º Para definição dos beneficiários do PNHR, deverão ser respeitados o limite de renda definido para o PMCMV, as faixas de renda definidas pelo Poder Executivo federal e as demais regras estabelecidas na regulamentação do Programa."

"Art. 20. Fica a União autorizada a participar, observadas suas disponibilidades orçamentárias e financeiras consignadas nas dotações anuais, do Fundo Garantidor da Habitação Popular (FGHab), que terá por finalidades:

....

§ 1º-B. (Revogado).

...."

"Art. 42...

....

§ 4º A redução prevista no inciso II do *caput* aplica-se às operações com recursos do FGTS firmadas a partir de 26 de agosto de 2020."

"Art. 43-B. A redução prevista no inciso II do *caput* do art. 43 aplica-se também às operações com imóveis residenciais de empreendimentos fora do PMCMV contratados com recursos do FGTS firmadas a partir de 26 de agosto de 2020."

"Art. 73...

I – condições de acessibilidade a todas as áreas públicas e de uso comum, com obrigatoriedade de construção de rampas de acesso nas calçadas e nos espaços públicos no âmbito do PMCMV;

....

III – condições de sustentabilidade das construções e dos espaços adequados e/ou destinados para animais domésticos (pets) em cada unidade habitacional;

....

V – condições de habitabilidade e sustentabilidade das construções.

...."

Art. 33. O art. 1º da Lei nº 12.462, de 4 de agosto de 2011, passa a vigorar acrescido do seguinte inciso XI:

"Art. 1º ....

....

XI – das obras e serviços de engenharia para infraestrutura, construção, requalificação, urbanização e regularização fundiária no âmbito das políticas públicas de desenvolvimento urbano e habitação.

...."

Art. 34. O art. 784 da Lei nº 13.105, de 16 de março de 2015 (Código de Processo Civil), passa a vigorar acrescido do seguinte § 4º:

- Alteração inserida no texto do referido Código.

Art. 35. A Lei nº 13.465, de 11 de julho de 2017, passa a vigorar com as seguintes alterações:

- Alterações inseridas no texto do referida Lei.

Art. 36. A Lei nº 14.063, de 23 de setembro de 2020, passa a vigorar com as seguintes alterações:

"Art. 17-A. As instituições financeiras que atuem com crédito imobiliário autorizadas a celebrar instrumentos particulares com caráter de escritura pública e os partícipes dos contratos correspondentes poderão fazer uso das assinaturas eletrônicas nas modalidades avançada e qualificada de que trata esta Lei.

Parágrafo único. VETADO."

Art. 37. VETADO.

Art. 38. A Lei nº 14.300, de 6 de janeiro de 2022, passa a vigorar com as seguintes alterações:

"Art. 16...

....

§ 2º O valor mínimo faturável aplicável aos participantes do SCEE inscritos no Cadastro Único para Programas Sociais do Governo Federal (CadÚnico), instituído pela Lei nº 8.742, de 7 de dezembro de 1993 (Lei Orgânica da Assistência Social), deve ter redução de no mínimo 50% (cinquenta por cento) em relação ao valor mínimo faturável aplicável aos demais consumidores equivalentes, conforme regulação da Aneel."

"Art. 24...

Parágrafo único. VETADO."

"Art. 36-A. A unidade consumidora participante do SCEE poderá comercializar excedente de energia elétrica com órgãos públicos desde que seja beneficiária de programa social ou habitacional das esferas federal, estadual, distrital ou municipal."

Art. 39. A Lei nº 14.382, de 27 de junho de 2022, passa a vigorar com as seguintes alterações:

- Alterações inseridas no texto do referida Lei.

Art. 40. Permanecerão submetidos à Lei nº 11.977, de 7 de julho de 2009, todos os empreendimentos habitacionais firmados e contratados até 25 de agosto de 2020, e à Lei nº 14.118, de 12 de janeiro de 2021, todos aqueles firmados e contratados após 26 de agosto de 2020.

§ 1º Os contratos que venham a ser firmados com pessoas físicas ou jurídicas em decorrência das operações referidas no *caput* poderão ser beneficiados pelas regras estabelecidas por esta Lei, conforme ato do Ministério das Cidades.

§ 2º Os empreendimentos habitacionais de que tratam o *caput* e o § 1º deste artigo para os quais não existam beneficiários qualificados obedecerão às mesmas faixas de renda e aos demais critérios de seleção, hierarquização, priorização e preferência dispostos nesta Lei e nos demais regulamentos do Programa Minha Casa, Minha Vida.

Art. 41. A partir da data de publicação da Medida Provisória nº 1.162, de 14 de fevereiro de 2023, todas as operações com benefício de que trata o art. 4º desta Lei integrarão o Programa Minha Casa, Minha Vida.

Art. 42. O Ministério das Cidades fica autorizado a convalidar atos administrativos preparatórios de operações futuras praticados sob a vigência da Lei nº 11.977, de 7 de julho de 2009, e da Lei nº 14.118, de 12 de janeiro de 2021.

Parágrafo único. O disposto nesta Lei poderá ser aplicado na convalidação de que trata o *caput*, desde que em benefício da operação e que não colida com as diretrizes previstas no art. 3º.

Art. 43. Revogam-se:

I – os seguintes dispositivos da Lei nº 11.977, de 7 de julho de 2009:

a) o § 2º do art. 4º;
b) os §§ 2º e 17 do art. 6º-A;
c) o inciso III do *caput* do art. 7º-B; e
d) o § 1º-B do art. 20;

II – os seguintes dispositivos da Lei nº 14.118, de 12 de janeiro de 2021:

a) os arts. 1º a 16; e
b) o art. 25;

III – os seguintes dispositivos da Lei nº 8.036, de 11 de maio de 1990 (Lei do FGTS):

a) o art. 6º-B;
b) o inciso III do § 3º do art. 9º;
c) o § 3º-B do art. 9º;
d) o § 3º-C do art. 9º;
e) os §§ 12 e 15 a 17 do art. 9º; e
f) o § 3º-A do art. 20-D.

Art. 44. Esta Lei entra em vigor na data de sua publicação.

Brasília, 13 de julho de 2023;
202º da Independência
e 135º da República

Luiz Inácio Lula da Silva

ÍNDICE POR ASSUNTOS
PÁGINA(S): 1376, 1377 E 1380
INSTR.: INSERIR REDAÇÃO

SÚMULAS DO STJ
PÁGINA(S): 1507
INSTR.: INSERIR REDAÇÃO

657. Atendidos os requisitos de segurada especial no RGPS e do período de carência, a indígena menor de 16 anos faz jus ao salário-maternidade.